Philippe **AUBERT DE GASPÉ** fils

L'INFLUENCE D'UN LIVRE
Roman historique

COLLECTION LITTÉRATURE

Sous la direction de Philippe Mottet

Philippe **AUBERT DE GASPÉ** fils

L'INFLUENCE D'UN LIVRE
Roman historique

Texte intégral

Présentation
Catherine Guenette
Collège de Maisonneuve

E R P I
ÉDITIONS DU RENOUVEAU PÉDAGOGIQUE INC.

5757, RUE CYPIHOT, SAINT-LAURENT (QUÉBEC) H4S 1R3
TÉLÉPHONE: (514) 334-2690   TÉLÉCOPIEUR: (514) 334-4720
erpidlm@erpi.com   www.erpi.com

Développement de produits
Pierre Desautels

Supervision éditoriale
Jacqueline Leroux

Révision linguistique
Carole Édouard

Correction d'épreuves
Hélène Lecaudey

Recherche iconographique
Chantal Bordeleau

Direction artistique
Hélène Cousineau

Coordination de la production
Martin Tremblay

Conception graphique
Martin Tremblay

Édition électronique
Laliberté d'esprit

Photographie de la couverture
Portrait de l'auteur tiré des collections numériques de Bibliothèque et
Archives nationales du Québec

Pour la protection des forêts,
cet ouvrage a été imprimé sur
du papier recyclé

- contenant 100 % de fibres
  postconsommation :
- certifié Éco-Logo :
- traité selon un procédé
  sans chlore :
- certifié FSC :
- fabriqué à partir d'énergie
  biogaz.

Dépôt légal :
Bibliothèque et Archives nationales du Québec, 2008
Bibliothèque nationale et Archives Canada, 2008
Imprimé au Canada

ISBN 978-2-7613-2989-7

1234567890 AGMV 12 11 10 09 08
20530 ABCD   ENV12

Table des matières

Récits du passé, songes de l'avenir[1]

Quoiqu'on puisse en penser, les débuts de la littérature canadienne française du XIXe siècle ne se résument pas à des romans racontant la vie dure, presque héroïque, des familles paysannes. On ne réduira pas non plus les balbutiements de la culture francophone d'Amérique à des chansons nostalgiques de la vieille France, à des contes et légendes dans lesquels le diable permet aux bûcherons de s'envoler vers leur blonde pour fêter le jour de l'an. Bien sûr, des personnages comme Maria Chapdelaine et le Survenant, le refrain d'*Auprès de ma blonde*, les récits de la chasse-galerie sont une partie intégrante et importante de ce qui compose la culture littéraire écrite et orale du Canada français. Mais tout cela nous semble bien traditionnel et évoque l'image désuète d'un pays au passé idéalisé.

Dans les faits, les lecteurs canadiens du début du XIXe siècle ne sont pas des attardés culturels ou des lecteurs timorés, loin s'en faut. Non seulement ne sont-ils pas coupés des inventions littéraires et culturelles de l'Europe, mais ils tentent de participer au mouvement intellectuel de leur époque. C'est ainsi qu'un premier roman est écrit vers la fin de 1836 et au début de 1837, sur les rives du Saint-Laurent dans la seigneurie de Saint-Jean-Port-Joli.

Son auteur est un jeune homme, mort prématurément, loin de chez lui. On sait de lui relativement peu de choses, comme on le verra, mais sa vie aurait été celle d'un garçon curieux, aventurier, qualités auxquelles on pourrait ajouter

_____

1. « Songes de l'avenir », locution empruntée à La HARPE (voir note 1, page 7).

celle d'avoir été facétieux. Quant à son roman, il est à l'image d'un jeune homme moderne, ouvert aux idées et aux tendances de son époque.

Alchimie et magie, meurtre, amour : voilà les composants de *L'influence d'un livre*, premier roman du Canada français. Mais en filigrane des récits criminels et amoureux, le lecteur peut distinguer le portrait d'une société qui cherche à entrer dans la modernité. Et derrière cette narration où se succèdent conjurations diaboliques et apparitions sataniques, on voit l'esprit critique de celui qui veut combattre les superstitions et l'ignorance.

Avant-propos

Biographie de l'auteur

Philippe-Ignace-François Aubert de Gaspé naît le 8 avril 1814 à Québec et meurt le 17 mars 1841 à Halifax, à l'endroit même où il était parti chercher fortune. Il est le second de treize enfants, et c'est son père Philippe-Joseph Aubert de Gaspé, avocat et dernier seigneur de Saint-Jean-Port-Joli, qui lui apprendra à lire et à écrire. En 1822, le père étant poursuivi pour dettes, toute la famille se réfugie à Saint-Jean-Port-Joli. De 1827 à 1829, le jeune Philippe-Ignace étudie au collège de Nicolet. Après un séjour probable en Louisiane, il est de retour à Québec en 1835 et devient correspondant parlementaire pour *Le Canadien* et le *Quebec Mercury*. Durant cette année, il a lui aussi des problèmes avec la justice. À la suite d'une altercation avec un député propriétaire d'un journal concurrent qui l'avait accusé de malhonnêteté, Aubert de Gaspé fils est condamné à un mois de prison. C'est sans doute pour se venger que, en 1836, il jette de l'assa-fœtida dans la chambre parlementaire, ce qui empeste les lieux et force l'évacuation. Cette dernière frasque l'obligera à regagner le manoir familial. On le voit, le jeune Aubert de Gaspé est, pour le moins, un sujet turbulent.

Dans le calme de Saint-Jean-Port-Joli, on suppose qu'il s'adonne principalement à la lecture et que c'est sous la double influence des livres et de son père qu'il écrira son unique roman. Influence paternelle qui est peut-être plus grande qu'on ne le croit, car certains vont jusqu'à suggérer que l'œuvre du fils serait en partie celle du père : Henri-Raymond Casgrain, par exemple, avance que le chapitre 5 est de la main de Ph. Aubert de Gaspé père[1]. D'autres éléments du roman,

---

1. Maurice LEMIRE, « *L'influence d'un livre,* roman de Philippe-Ignace-François Aubert de Gaspé », dans *Dictionnaire des œuvres littéraires du Québec*, vol. I : *Des origines à 1900*, Montréal, Fides, 1978, p. 386-390.

dont l'épisode de la visite à la mère Nollet, n'auraient pu s'y trouver qu'avec la collaboration du père, le fils ayant été trop jeune pour avoir connu certains personnages dont il est fait mention dans l'ouvrage. Il est intéressant de remarquer que le titre du roman trouve un écho dans sa genèse même puisqu'il s'agit d'un livre sous « influence ».

Contexte historique et littéraire canadien

Le portrait littéraire du Bas-Canada durant le premier tiers du XIXe siècle n'est guère reluisant : avant 1818, aucune publication de texte appartenant au genre narratif (ce qui inclut le conte, la nouvelle ou toute autre forme de récit) n'aurait été recensée et seuls six titres auraient été édités entre 1820 et 1839[1]. En fait, après la Conquête de 1760, en raison de plusieurs facteurs — dont la faiblesse du réseau d'institutions scolaires et l'analphabétisme généralisé de la population—, on assiste au développement d'une littérature orale faite de chansons, de contes et de légendes. Il faudra plusieurs années avant que ne se constitue un lectorat suffisamment important pour faire vivre une littérature écrite, d'où la naissance, en somme tardive, du phénomène littéraire au Canada français[2]. Ce contexte défavorable n'empêche pas la publication de quelques écrits, poèmes, contes et nouvelles, dans les journaux ou dans quelques revues à l'existence courte, et qui précéderont ce premier roman canadien.

L'influence d'un livre apparaît à un moment bien délicat dans l'histoire du Canada français : sa publication précède de peu la Rébellion des Patriotes de 1837 dont les actions les plus éprouvantes se dérouleront en novembre et décembre.

---

1. Chiffres donnés par Réjean BEAUDOIN dans *Le roman québécois*, Montréal, Boréal, « Collection Boréal Express », 1991, p. 16.
2. Le premier roman américain, *The power of sympathy*, paraît en 1789, mais en 1744, Benjamin FRANKLIN avait déjà imprimé en terre américaine le célèbre *Pamela* de RICHARDSON.

Ce roman n'a pourtant que peu de liens, voire aucun, avec les mouvements sociopolitiques de l'époque, malgré ce que pourrait donner à penser la dédicace : Aubert de Gaspé fils a dédié son roman à Thomas C. Aylwin, avocat ayant défendu la cause des Canadiens français devant lord Gosford, qui fut gouverneur général de 1835 à 1838. À Saint-Jean-Port-Joli, on est, en fait, loin des tourmentes politiques et la famille Aubert de Gaspé, sans être totalement coupée du monde, vit plus ou moins repliée sur elle-même : le père comme le fils ne cherchent-ils pas à fuir les poursuites et la prison ? Toutefois, en mai 1837, le jeune auteur semble trouver les circonstances plus favorables puisqu'il est de retour à Québec et, en septembre, *L'influence d'un livre* sort des presses de William Cowan & Fils, rue de la Fabrique à Québec.

Le roman de Ph. Aubert de Gaspé fils est considéré par plusieurs comme le premier roman canadien-français[1]. C'est à ce titre qu'on s'intéresse encore à lui aujourd'hui. On y a vu souvent une œuvre de jeunesse avec ce qu'elle peut contenir de maladresses et d'enthousiasmes, aux effets mal contrôlés, nourrie de lectures éclectiques. Ce fut surtout une œuvre qui cherchait à s'inscrire dans son époque, l'œuvre d'un auteur qui voulait offrir à son pays « un premier roman de mœurs canadien[2] », pour reprendre la formule employée par Aubert de Gaspé fils.

Une œuvre canadienne

On s'est relativement peu intéressé à ce qui fait de ce roman une œuvre « canadienne ». On a plutôt traité *L'influence d'un*

---

1. On propose parfois *Les révélations du crime ou Cambray et ses complices : chroniques canadiennes de 1834* de François-Réal ANGERS (1812-1860), qui raconte les méfaits d'une bande de brigands, comme étant le premier récit romanesque du Canada français, ayant été publié en juillet 1837 alors que le roman de Ph. AUBERT de GASPÉ fils ne paraît qu'à la mi-septembre 1837.
2. Ph. AUBERT de GASPÉ fils, « Préface » dans *L'influence d'un livre*, p. 7. Les citations proviennent de l'édition qui suit.

livre comme une œuvre marginale parce qu'elle ne participe pas au romantisme ultramontain qui suivra ni au roman paysan dont *La terre paternelle* de Lacombe est le premier titre[1]. En effet, le roman de Ph. Aubert de Gaspé fils n'est pas porteur d'un discours messianique, ne fait pas l'apologie de la vie rurale, et son héros est un paysan qui refuse le travail de la terre et préfère poursuivre des chimères.

Cependant, l'appartenance au monde paysan transparaît dans les croyances de ces anciens Canadiens, croyances rapportées par l'auteur, entre autres dans ses notes en bas de page. Chacune de ces anecdotes nous révèle des usages parfois étonnants, comme celui de ne pas répondre « Entrez », mais « Ouvrez » à ceux qui frappent à la porte. Le roman décrit aussi des coutumes oubliées, telle la présentation de la gerbe qui est décrite avec soin au chapitre 8. Le portrait de ces traditions paysannes est présenté avec le regard du folkloriste, donc d'un témoin extérieur.

Mais c'est surtout par les retranscriptions des chansons et des contes que la littérature orale évoquée plus haut prend forme. Ainsi, on trouve deux chansons entières, un couplet isolé ainsi que deux contes présentés comme des « Légendes canadiennes », l'un assez connu, celui de Rose Latulipe, l'autre moins, celui de l'homme de Labrador.

La narration du premier conte se déroule alors qu'on surveille un criminel, Joseph Lepage. Impressionné par l'orage qui éclate, l'obscurité de la nuit et la présence du meurtrier, toutes circonstances qui concourent à créer une atmosphère propice aux apparitions, l'un des gardiens évoque le diable. Le narrateur est un *voyageur*[2], donc un homme qui a vu bien des choses. Il n'a pas vécu l'aventure, mais la tient d'un vieil

---

1. Paru en 1846.

2. Les voyageurs partaient vers l'ouest et le nord-ouest dans le but de faire de la trappe et du commerce avec les Amérindiens.

homme rencontré 40 ans plus tôt qui la tenait lui-même de son grand-père : tout compte fait, cette histoire daterait donc de la fin du XVIIe siècle ou du début du XVIIIe. Le temps éloigné, le lieu imprécis, la mise en abyme, tout concourt à ce que les auditeurs reçoivent ce récit comme un simple conte.

La narration du second conte se déroule dans des circonstances tout à fait différentes. Lors d'une veillée familiale, Amand fait porter la conversation sur le diable et prétend l'avoir vu sous la forme d'un cochon. On se moque de lui, mais un vieillard raconte alors une histoire qu'il présente comme vécue, dans laquelle le diable lui serait apparu. Contrairement à ce qui s'est passé pendant le conte précédent, des auditeurs cherchent à contredire le narrateur et mettent en doute la véracité du récit et la fiabilité du narrateur. Cette comparaison des contextes de narration de chacun des contes permet de voir qu'ils n'ont pas le même effet ni la même réception tant chez les auditeurs que chez les lecteurs. En effet, le premier conte est tenu pour du folklore de circonstance alors que, pour le second, on hésite entre une élucubration d'ivrogne et une réelle manifestation fantastique.

L'apparition des chansons (sans titres donnés) suit un schéma semblable à celui des contes : la première chanson, dont on ne manquera pas de noter la tonalité comique, est chantée pour se donner du courage dans un moment difficile (la nuit, quelques minutes avant une conjuration), tandis que la seconde, plus sentimentale, est entonnée le soir de la cérémonie de la gerbe, dans un moment de réjouissance, de divertissement. En somme, le sens des contes et chansons dépend du contexte où ils apparaissent.

Une œuvre romantique

Dans sa préface, Aubert de Gaspé fils s'associe résolument au romantisme européen : refus des règles d'unités du classicisme, rejet du récit picaresque, reconnaissance de

Shakespeare, volonté de rendre compte de la réalité et des mœurs de son pays, l'ensemble se manifestant par le goût du pittoresque. Les nombreuses références littéraires semées dans le roman construisent également le romantisme chez l'auteur.

Aubert de Gaspé fils a appliqué son refus des règles d'unités classiques, son court roman déroulant sous les yeux du lecteur les récits de trois destins : celui de Charles Amand, dont on peut dire qu'il est le principal, celui de Saint-Céran et celui de Lepage. Ces trois récits appartiennent de surcroît à des genres différents : gothique, sentimental, fait divers. C'est surtout le troisième récit, celui de Lepage, qui permet à Aubert de Gaspé fils de qualifier son roman d'« historique ». La part du roman narrant le meurtre et ses suites est, en fait, fondée sur un fait divers ayant eu lieu près de 10 ans auparavant[1].

Le caractère romantique de l'œuvre transparaît également dans les descriptions des personnages. Par exemple, les portraits succincts de Saint-Céran et d'Amélie Amand reprennent ce qui constitue les caractéristiques du héros et de l'héroïne romantiques : on insiste chez Saint-Céran sur sa mélancolie[2], autre terme pour désigner ce que Musset appelait le « mal du siècle » ; quant à l'amoureuse, dont le prénom rappelle le personnage féminin de *René* de Chateaubriand, elle porte sur son visage les marques d'une âme romantique : un « sourire triste et pensif », un « œil brun et languissant », un « visage pâle » empreint d'une « expression angélique »[3]. L'aspect presque caricatural de ces descriptions annonce la façon dont est traitée l'intrigue amoureuse dans *L'influence d'un livre*.

---

1. Un certain Joseph Marois aurait assassiné un dénommé François Guilmette.
2. Voir au chapitre 3, page 22, et au chapitre 6, page 42.
3. *L'influence d'un livre*, page 43.

Sans doute était-il impossible dans l'esprit d'un jeune auteur de la première moitié du XIXᵉ siècle de concevoir un récit sans une intrigue qui mît en scène deux tourtereaux devant affronter l'adversité (un père, Charles Amand, refuse de donner sa fille, Amélie, au jeune Saint-Céran). Cette intrigue est, somme toute, assez marginale et peut-être l'auteur pensait-il qu'il s'agissait d'un motif indispensable à tout roman, une concession au genre. Le treizième chapitre commence d'ailleurs par un commentaire presque ironique du narrateur : « Tiens, dira la jeune fille, en arrivant aux dernières pages de cet ouvrage, ils vont déjà se marier, et ils n'ont seulement pas eu un petit refroidissement — c'est drôle. [...] — Je le veux bien, moi ; mais je me suis promis de respecter la vérité, [...] [1] ». Dans cette réplique à une lectrice, l'auteur semble s'excuser d'avoir traité avec une apparente désinvolture l'intrigue amoureuse. Celle-ci est d'ailleurs bien peu romantique dans ses développements [2], ce qui explique la faiblesse du personnage féminin. En effet, Amélie paraît n'être qu'un objet : sans volonté, elle obéit à son amant, qui lui donne rendez-vous la nuit, et à son père, qui exige de voir la lettre de Saint-Céran. Elle est aussi l'objet que son père cédera volontiers à Saint-Céran (« [...] il venait pour se débarrasser de sa fille, [...] [3] ») lorsqu'il croira sa fortune faite.

Les traits pittoresques du roman pullulent : on sait combien des auteurs comme Mérimée et Nerval ont pris soin d'étoffer leurs récits de descriptions provenant de leurs recherches qu'on qualifierait aujourd'hui d'ethnographiques. Chez Aubert de Gaspé fils, le souci de retranscrire de vieilles chansons et légendes, de décrire les coutumes, participe à ce pittoresque

---

1. *L'influence d'un livre*, page 89.

2. Ce récit d'un amour interdit par le père, lequel sera berné par l'amoureux de sa fille, reprend le prétexte narratif utilisé, par exemple, dans les comédies de Molière. C'est ici un aspect classique de l'intrigue.

3. *L'influence d'un livre*, page 91.

romantique. Mais cela nourrit également la dimension inter-textuelle du roman.

Un critique de l'époque présentait l'auteur comme un jeune homme d'une grande érudition qu'on ne pouvait voir sans un livre à la main[1]. On ne s'étonne donc pas de lire aussi bien en exergue que dans le corps du roman des cita-tions de toutes sortes, des références à tel ou tel auteur. On a fait remarquer que la grande majorité des citations et des auteurs mentionnés sont des contemporains de Ph. Aubert de Gaspé fils[2]. Son savoir littéraire ne s'appuie pas sur des sources anciennes ; au contraire, Aubert de Gaspé fils est très au fait de ce qui s'écrit en Europe, et on sait, par exemple, qu'il a lu *Le père Goriot* d'Honoré de Balzac, paru en 1835.

Ces références continuelles montrent chez le jeune écri-vain le désir de faire valoir l'autorité d'auteurs confirmés et de légitimer son roman. En outre, les citations en exergue accompagnent et soulignent le récit des chapitres, annonçant le propos ou le caractère particulier de l'événement à venir. Par ailleurs, il n'est pas surprenant de voir mêlées citations d'écrivains français et anglais chez un auteur vivant dans un contexte bilingue, d'autant plus que c'est dans le romantisme anglais qu'est né un sous-genre qui a marqué *L'influence d'un livre*.

Une œuvre gothique

Ce qui caractérise le roman gothique, ou roman noir, est un ensemble de traits qui ne semblent pas appartenir à l'imagi-naire canadien. Le mot « gothique » désigne un type architec-tural revenu au goût du jour à la fin du XVIIIe en Angleterre et,

---

1. [Anonyme], *Le Populaire*, 25 septembre 1837, p. 3-4.
2. Micheline CAMBRON, « Vous avez dit roman ? : hybridité générique de "L'influence d'un livre" et "Les révélations du crime" de nos "premiers romans" », *Voix et Images*, vol. 32, n° 3, printemps 2007, p. 43-57.

par extension, les récits se déroulant dans ces décors. Or, dans les faits, il s'est développé un récit gothique au Canada[1] dont *L'influence d'un livre* est le premier exemple.

Parmi les caractéristiques du roman gothique se trouvent le décor, les personnages et la présence du surnaturel (ou fantastique). On constate ici que nous avons affaire à un surnaturel chrétien, c'est-à-dire associé à une croyance manichéiste qui n'est présente que dans les contes, où le bien et le mal sont facilement identifiables. Par ailleurs, la magie utilisée par Amand n'a jamais d'effet, le fantastique restant uniquement fantasmé par le héros.

Chez les personnages, le motif du vilain est assez étonnant, entre autres parce que ces vilains sont assez nombreux et surtout parce qu'ils sont tous ressemblants. Qu'il soit diable ou être humain, le vilain possède un trait physique qui le rend reconnaissable entre tous, et on peut même affirmer que le mal est inscrit sur son corps, généralement son visage : une bouche « monstre », un nez singulièrement long, des yeux comme des tisons, un crâne marqué par des protubérances, parfois toutes ces caractéristiques si le personnage est particulièrement maléfique comme Joseph Lepage ou le diable apparu à Rodrigue bras-de-fer.

Quant au décor, s'il n'y a pas de château médiéval où planter les actions, il y a cependant force orages et tempêtes qui éclatent toujours lorsque le mal sévit (meurtre, apparition satanique, etc.). La nuit, parce qu'elle est synonyme de ténèbres[2], est aussi un motif important du récit gothique ; elle est d'ailleurs le décor de tous les événements à caractère magique ou maléfique du roman.

---

1. Voir à ce propos l'ouvrage de Michel LORD, *En quête du roman gothique québécois, 1837-1860 : tradition et imaginaire romanesque*, Québec, Nuit Blanche, 1994, 179 pages.
2. Et il faut souligner que ce mot est aussi un synonyme de l'enfer.

Le roman gothique met généralement en scène la lutte entre les forces divines et les forces maléfiques dont participent certains êtres humains cherchant à s'approprier des pouvoirs divins[1]. Ici, cette lutte devient un conflit opposant superstition et raison, conflit qui prend forme dans la querelle entre Amand et Saint-Céran. Ces deux personnages sont de parfaits contraires : l'un est un vieux paysan, pauvre ; l'autre est issu d'une bonne famille, jeune, peut-être pas encore riche mais destiné à un avenir aisé. Mais surtout, alors que l'autre est instruit et rationaliste, voire sceptique, l'un est crédule, superstitieux et peu instruit : on lit au chapitre 7 qu'il « se bornait à savoir lire un peu, et […] encore était obligé d'épeler souvent[2] ». À cela on peut ajouter qu'Amand ne possède qu'un livre (intitulé d'abord *Les ouvrages d'Albert le Petit*, plus tard *Le petit Albert*[3]) alors que Saint-Céran en possède plusieurs qu'il refuse de prêter au paysan. Ainsi naît ce conflit entre les deux hommes. Amand se voit refuser l'accès à la connaissance et donc à la richesse qui, dans son esprit, doit nécessairement en découler. Il dit à propos d'un homme riche : « N'est-il pas de son intérêt de nous cacher les moyens par lesquels il est parvenu à la fortune ? Tu sais qu'il a tous les livres du monde, excepté un ? — Oui — Eh bien, pourquoi a-t-il refusé de me les prêter ? C'est qu'il craignait que je ne fisse comme lui[4]. » La recherche d'un trésor, de la richesse, ne peut se concevoir que dans la magie et l'alchimie ainsi que dans les livres.

Cependant, chacune des tentatives d'Amand de trouver or et richesse par la magie est vaine : l'incantation avec la poule noire, la recherche en pleine nuit d'un trésor avec la chandelle magique, sa main-de-gloire, tout cela ne mène à rien, et l'on

---

1. On pense par exemple au Dr Frankenstein cherchant à recréer la vie ou au Dr Jekyll qui voulait éliminer le mal chez l'homme.

2. *L'influence d'un livre*, page 53.

3. *L'influence d'un livre*, page 10 pour la première occurrence et page 95 pour la seconde.

4. *L'influence d'un livre*, page 12.

prend bien soin de souligner le burlesque des second et troisième essais (au chapitre 7 « L'autopsie » et au chapitre 10 « La caverne du Cap-au-Corbeau ») en mettant en scène de jeunes étudiants lui jouant un tour. Un étudiant est encore une fois présent et se moque des croyances superstitieuses des paysans, lors de la narration de la légende de « L'homme de Labrador ». Tous ces étudiants sont des alter ego de Saint-Céran et leur présence a pour effet de montrer le ridicule de ces tentatives, de tourner en dérision les recherches d'Amand.

Au terme de ses déboires, Amand découvrira bien un trésor (une caisse contenant 500 piastres, une somme importante, mais pas la fortune infinie que propose l'alchimie). Une fois ce trésor trouvé et sa liberté reconquise, que fait-il ? Il repart en quête, ce qui montre que ce n'est pas l'or, la véritable richesse. Il est cette fois armé du *Dictionnaire des merveilles de la nature* offert par son nouveau gendre, Saint-Céran, ouvrage plus sérieux et savant, on s'en doute, que *Le petit Albert*. En offrant ce livre à son beau-père ainsi qu'une « vingtaine de manuels des différents arts et métiers[1] », Saint-Céran tente d'amener Amand vers la vraie science (en opposition à la fausse science que répandent les livres d'alchimie), donc vers la raison. Il s'agit bien d'un dénouement heureux pour un récit qui voulait être noir.

L'influence d'un abbé

L'œuvre de Philippe-Ignace-François Aubert de Gaspé est restée plus ou moins dans l'oubli durant quelques décennies. C'est grâce à l'abbé Henri-Raymond Casgrain, ami de Ph. Aubert de Gaspé père, que le roman a pu vivre une seconde fois. Mais ce ne fut pas sans avoir subi les affres d'une chirurgie qui dépasse la simple esthétique...

---

1. *L'influence d'un livre*, page 93.

H.-R. Casgrain s'était donné pour mission d'offrir une littérature nationale au Canada français dans le plus pur esprit messianique, c'est-à-dire en mettant à la portée des lecteurs une littérature « essentiellement croyante et religieuse » qui fera « aimer le bien, admirer le beau et connaître le vrai » et dont le but est de « moraliser le peuple »[1]. C'est dans cette perspective qu'il décide d'apporter quelques changements au roman de Ph. Aubert de Gaspé fils, dont le moindre n'est pas la modification du titre. Il le publie en 1864[2] sous le titre *Le chercheur de trésors ou l'influence d'un livre*, dénaturant le sens même du roman, le réduisant à un récit d'aventures. Il est ironique que, voulant utiliser l'influence de la lecture à ses propres fins moralisatrices, l'abbé ait commencé par modifier le titre évocateur du livre. Il est possible aussi que, dans l'esprit d'un ecclésiastique, le seul livre d'influence ait été la Bible.

Casgrain modifie le texte en remplaçant les mots « amour » et « amant » par « amitié » et « ami » ; « baiser » et « sein »[3] disparaîtront aussi. Plus audacieux encore, il supprimera la scène où Saint-Céran et Amélie se retrouvent nuitamment au bord d'un lac et éliminera le couplet d'une chanson au chapitre 8 ainsi que des extraits des lettres que s'échangent Saint-Céran et Amélie au chapitre 13. Retirer du texte ce genre de passages traduit bien le souci des convenances qui devait habiter notre abbé. On comprend moins cependant pourquoi Joseph Lepage est devenu Joseph Mareuil, sinon que ce nom est plus ressemblant à celui qui a inspiré Aubert de Gaspé fils, soit celui de Marois.

---

1. Henri-Raymond CASGRAIN, *Œuvres complètes*, Québec, Typographie de C. Darveau, 8 rue de la Montagne, 1875, p. 83.

2. Il sera publié dans une anthologie : *La littérature canadienne de 1850 à 1860*, Québec, Desbarats & Derbishire, 2 vol., 1863-1864.

3. Rappelons que ces mots, au XIXe siècle, n'avaient pas la connotation d'aujourd'hui ; ils étaient synonymes d'« embrasser » et de « poitrine » au sens général.

Aujourd'hui on trouve de nombreuses versions du roman de Philippe-Ignace-François Aubert de Gaspé en format électronique, sur divers sites Internet[1] mais, le plus souvent, ces versions sont incomplètes… Ce travail d'édition électronique reste à faire afin de rendre hommage à ce qui est réellement le premier récit romanesque canadien-français. Et malgré le travail d'édition imprimée qui a été fait depuis, dont une reproduction photographiée de l'édition originale en 1984, le texte continue à souffrir de l'influence de l'abbé Casgrain.

AVERTISSEMENT

Le texte qui suit est conforme au texte original publié en 1837. Cependant, il a été modernisé dans son orthographe et sa ponctuation. De même, les erreurs orthographiques et grammaticales ont été corrigées ainsi que les citations fautives — Aubert de Gaspé fils avait dû citer de mémoire certains auteurs.

---

1. La seule qui soit complète se trouve sur le site d'Early Canadiana Online: www.canadiana.org/eco.

L'INFLUENCE D'UN LIVRE
Roman historique

Les notes de bas de page suivies de l'indication (N.d.A.) sont de Philippe Aubert de Gaspé fils.

Ah ! quand le songe de la vie sera terminé,
à quoi auront servi toutes ses agitations,
si elles ne laissent les traces de l'utilité.

VOLNEY[1]

1. Constantin-François CHASSEBŒUF de La GIRAUDAIS, dit VOLNEY (1757-1820), romancier et essayiste français ; il a publié *Les ruines ou méditations sur les révolutions des empires* (1792).

Dédié
à

Thomas C. Aylwin[1], écuyer

Par un admirateur de ses talents,

Et celui qui ose s'inscrire

UN AMI SINCÈRE,

PH. A. DE GASPÉ, JUNIOR

---

1. Avocat (1806-1871), puis député, il défendit les Patriotes emprisonnés en 1837-1838.

Préface

Ceux qui liront cet ouvrage, le cours de littérature de Laharpe[1]
d'une main, et qui y chercheront toutes les règles d'unités
requises par la critique du dix-huitième siècle, seront bien
trompés. Le siècle des unités est passé ; la France a proclamé
Shakespeare le premier tragique de l'univers et commence à
voir qu'il est ridicule de faire parler un valet dans le même style
qu'un prince. Les romanciers du dix-neuvième siècle ne font
plus consister le mérite d'un roman en belles phrases fleuries
ou en incidents multipliés ; c'est la nature humaine qu'il faut
exploiter pour ce siècle positif, qui ne veut plus se contenter
de bucoliques[2], de tête-à-tête sous l'ormeau, ou de promenades solitaires dans les bosquets. Ces galanteries pouvaient
amuser les cours oisives de Louis XIV et de Louis XV ; maintenant
c'est le cœur humain qu'il faut développer à notre âge indus-
triel. La pensée ! voilà son livre — Il y a quelques années,
j'avais jeté sur le papier le plan d'un ouvrage où, après avoir
fait passer mon héros par toutes les tribulations d'un amour
contrarié, je terminais en le rendant heureux durant le reste
de ses jours. Je croyais bien faire ; mais je me suis aperçu que
je ne faisais que reproduire de vieilles idées, et des sensations
qui nous sont toutes connues. J'ai détruit mon manuscrit et
j'ai cru voir un champ plus utile s'ouvrir devant moi. J'offre à
mon pays le premier roman de mœurs canadien, et en le présentant à mes compatriotes je réclame leur indulgence à ce
titre. Les mœurs pures de nos campagnes sont une vaste mine
à exploiter ; peut-être serais-je assez heureux pour faire naître,
à quelques-uns de mes concitoyens, plus habiles que moi, le
désir d'en enrichir ce pays. *L'influence d'un livre* est historique

---

1. Jean-François de La HARPE (1739-1803) a écrit *Lycée ou cours de littérature*
   (1799) en 18 volumes. (À noter que dans l'édition originale de 1837 le nom
   de cet auteur est écrit en un mot.)
2. Poème pastoral narratif ou en dialogue.

comme son titre l'annonce. J'ai décrit les événements tels qu'ils sont arrivés, m'en tenant presque toujours à la réalité, persuadé qu'elle doit toujours remporter l'avantage sur la fiction la mieux ourdie. Le Canada, pays vierge, encore dans son enfance, n'offre aucun de ces grands caractères marqués, qui ont fourni un champ si vaste au génie des romanciers de la vieille Europe. Il a donc fallu me contenter de peindre des hommes tels qu'ils se rencontrent dans la vie usuelle. Lepage et Amand font seuls des exceptions : le premier, par sa soif du sang humain : le second, par sa folie innocente. L'opinion publique décidera si je dois m'en tenir à ce premier essai. En attendant, j'espère qu'en terminant cet ouvrage mon lecteur aura une pensée plus consolante, pour l'auteur, que celle de Voltaire[1] :

Tout ce fatras fut du chanvre en son temps.

---

1. François AROUET dit VOLTAIRE (1694-1778), écrivain et philosophe français prolifique. La citation qui suit est tirée de son *Dictionnaire philosophique* (1764).

CHAPITRE PREMIER

L'alchimiste

C'était par une nuit sombre;
un ciel sans astres pesait sur la terre,
comme un couvercle de marbre noir sur un tombeau.

LAMENNAIS[1]

Sur la rive sud du fleuve Saint-Laurent, dans une plaine qui s'étend jusqu'à une chaîne de montagnes, dont nous ignorons le nom, se trouve une petite chaumière qui n'a rien de remarquable par elle-même; située au bas d'une colline, sa vue est dérobée aux voyageurs par un bosquet de pins qui la défend contre le vent du nord, si fréquent dans cette partie de la contrée. Autrefois cette misérable cabane était habitée par trois personnes: un homme, son épouse, jeune femme vieillie par le chagrin, et un enfant, fruit de leur union. Cet homme que nous appellerons Charles Amand la possédait au temps dont nous parlons; en ayant éloigné ses autres habitants afin de vaquer secrètement à des travaux mystérieux auxquels il avait dévoué sa vie. C'était le 15 août de l'année 182—. Charles Amand était debout au milieu de l'unique pièce que contenait ce petit édifice presque en ruines. D'un côté un méchant lit sans rideau; vis-à-vis un établi de menuisier, couvert de divers instruments, parmi lesquels on remarquait deux creusets, dont l'un était cassé: aussi, différents minéraux que Charles considérait d'un air pensif sur un âtre; au côté droit de l'appartement, brûlaient, épars çà et là, quelques morceaux de charbon de terre. Près de l'âtre, sur une table, un mauvais encrier, quelques morceaux de papier et un livre ouvert absorbaient une

---

1. Hugues Robert Félicité de LAMENNAIS (1782-1854), écrivain et prêtre français. *Paroles d'un croyant* (1834).

partie de l'attention de l'alchimiste moderne; ce livre était:
Les ouvrages d'Albert le Petit[1].

L'homme dont nous parlons était d'une taille médiocre;
son vêtement, celui des cultivateurs du pays; son teint livide
et pâle, ses cheveux noirs et épars qui couvraient un beau
front, son œil brun, presque éteint dans son orbite creuse, tout
son physique annonçait un homme affaibli par la misère et
les veilles. Il rassembla les charbons, les souffla et y posa un
creuset contenant différents métaux; et s'étant couvert la
bouche d'un mouchoir, il se mit à l'ouvrage. Après un travail
opiniâtre qui dura près de trois heures, il s'assit presque épuisé
et, contemplant la composition nouvelle qui se trouvait devant
lui, il se dit à lui-même: travail ingrat! Faut-il enfin que je
t'abandonne? Ne me reste-t-il plus d'espoir? J'ai pourtant
suivi à la lettre toutes les directives, ajouta-t-il, en prenant le
livre, oui: étain, zinc, arsenic, vif-argent, sulfate de potasse.
Ah! s'écria-t-il, en regardant de plus près — soufre! Je l'avais
oublié, et il se remit à l'ouvrage. Après une demi-heure de travail il tira du creuset une composition qu'à sa couleur on eût
prise pour du fer. — Malédiction! murmura-t-il, et il laissa
tomber la nouvelle substance métallique. Peu importe, j'aurai
recours à l'autre voie, celle-là me réussira, j'en suis sûr; il me
coûte d'en venir là; mais il me faut de l'or, oui: de l'or; et l'on
verra si Amand sera toujours méprisé, rebuté comme un visionnaire comme un... oui, comme un fou; pourquoi me cacher
le mot? ne me l'ont-ils pas dit, ne me l'ont-ils pas répété jusqu'à
ce que j'aie été près de le croire: mais ces mots de l'écriture[2]:
cherchez, vous trouverez, je les ai gravés là (et il touchait sa
tête); ils y étaient au moment où je paraissais sourire à leurs
plaisanteries, si agréables pour eux, et si amères au malheureux
qui manque de pain. Je ne le leur ai pas dit: je n'ai pas besoin
de pitié; car c'est tout ce qu'ils m'auraient prodigué.

1. Livre de recettes chimiques et alchimiques qui circulait dans la littérature de
   colportage au XIXᵉ siècle.
2. Ici, le mot « écriture » désigne la Bible. La phrase provient de Luc, 11, 9.

Il se leva, fit quelques pas et puis ajouta : Il doit pourtant être près de minuit et Dupont ne vient pas ; s'il allait renoncer à son projet ? mais non, c'est un homme de cœur.

Au même instant on frappa à la porte. — Qui va là ? dit-il, en donnant un accent menaçant à sa voix. Un ami — fut la réponse.

— Ah ! c'est lui. Ouvrez ; et l'inconnu entra aussitôt. Je commençais à craindre que tu n'eusses oublié notre rendez-vous.

— Il n'est que minuit, dit Dupont.

— C'est vrai.

— N'était-ce pas l'heure convenue ?

— Tu as raison.

— Alors, pourquoi me faire des reproches ?

— Tu te trompes, Dupont, ce ne sont pas des reproches ; j'étais seul et je m'ennuyais. Dis-moi, as-tu songé à ce que tu m'as promis ?

— Oui ; et plus j'y songe et plus je m'en dégoûte : sais-tu que c'est mal ?

— Pshaw ! enfant, je m'engage à prendre toute la responsabilité. Voyons, sois homme. Tu sais ce dont il s'agit ; notre fortune ! Tu dois être persuadé de l'infaillibilité de notre moyen. Qu'est-ce qui peut donc te faire balancer encore ?

— Cette poule noire.

— Eh bien, ce n'est rien, tu n'as qu'à la voler et moi je me charge du reste.

— Pourquoi ne pas l'acheter ?

— Imbécile ! tu sais bien qu'alors elle serait inutile. Veux-tu que je te lise encore le passage ? Est-ce que tu ne t'en rappelles plus ? Qu'est-ce, au fait, que de voler une poule noire ! Quand bien même tu serais découvert ? tu diras à ton voisin que tu voulais lui faire une plaisanterie ; et puis, tout sera dit. — Pourquoi ne le fais-tu pas toi-même?

— Pas mauvais! D'abord, tu sais qu'il faut être deux, nous le sommes; mais crois-tu que je vais courir tous les risques et puis ensuite partager avec toi? Il faudrait être fou! J'aimerais autant tout garder moi-même.

— Écoute, Charles, tu connais M. B***: te rappelles-tu comme il s'est moqué de nous, quand tu lui as parlé de ton projet?

— D'accord; mais écoute à ton tour: cet homme est riche, n'est-ce pas? N'est-il pas de son intérêt de nous cacher les moyens par lesquels il est parvenu à la fortune? Tu sais qu'il a tous les livres du monde, excepté un[1]? — Oui — Eh bien, pourquoi a-t-il refusé de me les prêter? C'est qu'il craignait que je ne fisse comme lui. Comme je puis me fier à toi, je vais te confier un secret: Tu connais cette petite rivière qui serpente derrière son domaine. Je l'ai vu, moi-même, de mes yeux, à minuit, avec son fils, tous deux occupés à conjurer des esprits de l'autre monde. J'avais le cœur faible alors. Aussi je m'éloignai. Si je pouvais retrouver une aussi bonne occasion de m'instruire, je t'assure que je ne la perdrais pas à présent.

— Je consens, dit Dupont.

— Touche-la, dit Amand: à demain, vers minuit. Et les deux amis se séparèrent.

La nuit était sombre, le vent faisait trembler la chaumière, mal assurée sur ses fondements, et quelques gouttes de pluie poussées par l'orage suintaient au travers des planches, mal jointes, de son toit. Le tonnerre se faisait entendre au loin. Tout présageait une nuit horrible. Amand avait froid. Dans l'enthousiasme de son zèle, pour s'assurer de son compagnon irrésolu, il avait oublié d'alimenter son feu qui se trouvait maintenant éteint. Il fit inutilement tous ses efforts pour le rallumer; enfin, accablé de fatigue, il se dépouilla de ses vête-

---

[1]. Beaucoup de Canadiens ont cette croyance: qu'un homme peut posséder tous les livres du monde, excepté un. (*N.d.A.*)

ments et se mit au lit. Il s'endormit facilement ; car depuis longtemps il avait pour habitude de ne prendre que deux heures de sommeil par nuit. Heureux moments où son âme s'élança dans ce monde idéal pour lequel il était né ! Que n'aurait pas fait cet homme si son imagination fertile eût été fécondée par l'éducation ?

Cette nuit il eut un songe[1] : il lui sembla être près de l'astre du jour, qui d'un côté lui présentait un vaste jardin au milieu duquel, sur un trône, était assis un esprit céleste qui l'excitait du geste et de la voix à le rejoindre. Amand, enivré de joie, s'élançait vers lui et celui-ci lui faisait place à ses côtés et lui disait : « Sans nul secours, tu t'es frayé un chemin au travers du sentier rude et épineux de la science, tu as pénétré dans les secrets les plus profonds de la nature, tu as approfondi des mystères que le vulgaire regarde de l'œil de l'indifférence, les difficultés ne t'ont pas rebuté : pas même la dérision à laquelle tu t'exposais. Viens jouir maintenant de ta récompense. Tu vas retourner sur cette terre où l'on t'appelait visionnaire ; mais tu n'y seras plus pauvre et sans asile — Suis-moi. » Et, accompagnant l'esprit céleste, il passait sur la surface opposée du Dieu de la lumière et il lui semblait qu'il était sur un miroir d'or et de rubis et tout cela était à lui. Puis il se retrouvait sur notre globe, on l'adorait, on l'aimait, on l'enviait... Il était heureux !

Le jour mit fin à cette douce erreur, et la froide réalité vint rappeler à notre héros qu'il était seul, couché sur un misérable grabat, et presque mourant d'inanition au fond d'une chaumière.

---

1. Il l'a raconté lui-même à l'auteur. (*N.d.A.*)

CHAPITRE DEUXIÈME

La conjuration

Et rien ne troublait le silence de cette nuit si ce n'est un bruit étrange,
comme d'un léger battement d'ailes, que de fois à autre
on entendait au-dessus des campagnes et des cités.

LAMENNAIS[1]

When shall we three meet again?
In thunder, lightning, or in rain?

MACBETH[2]

Dupont, en se jetant sur sa couche, n'avait pas trouvé des rêves aussi agréables ; l'idée de l'action qu'il allait commettre le lendemain ne l'abandonnait pas, et le sommeil fuyait sa paupière. Lorsque le jour parut, il se leva fiévreux et fatigué et, s'étant assis près du foyer, il alluma sa pipe. Livré à ses réflexions, il songeait s'il ferait bien de suivre, à la lettre, les injonctions d'Amand. Il était honnête ; et ce crime lui répugnait. Après avoir délibéré près d'une heure, il prit son chapeau, sortit et traversa le champ qui le séparait de la ferme voisine en se disant à lui-même :
— Bah, je vais l'acheter et je lui ferai accroire que je l'ai volée. Étant arrivé chez son ami Dubé il frappe à sa porte. Une voix au-dedans lui répondit ouvrez[3] et il entra ; il manifesta le désir d'acheter une poule noire. Le marché fut bientôt conclu et, moyennant la somme d'un franc, Dupont retourna chez lui muni de cet être magique qui devrait lui ouvrir les mines du

---

1. Voir note 1, page 9.
2. Pièce de théâtre de William SHAKESPEARE (1564-1616), dramaturge et poète anglais. La citation ouvre la pièce et est prononcée par une sorcière.
3. Les cultivateurs canadiens ne disent jamais *entrez* ; mais *ouvrez*. Cet usage est fondé sur une vieille légende qui rapporte qu'une jeune femme ayant un jour répondu à quelqu'un qui frappait : « entrez », le Diable entra et s'empara d'elle. (*N.d.A.*)

Pérou. Il la cacha dans sa grange et, délivré de toute inquiétude de ce côté, il put vaquer tranquillement, le reste du jour, à ses travaux habituels en attendant la nuit avec impatience.

Amand n'était pas resté oisif pendant cette longue matinée ; dès l'aurore il s'était rendu à la montagne voisine pour se procurer de la verveine, chose indispensablement nécessaire à la réussite de la conjuration qu'il devait exécuter pendant la nuit ; et muni de ce précieux talisman il était revenu exténué de fatigue, pour prendre le seul repas ; et quel repas ! du pain... qui devrait le soutenir pendant le cours de cette journée où il devait éprouver tant d'émotions diverses.

Si mon lecteur a été au Port-Joli, il a dû visiter le lac de ce nom. Qui pourrait donner une idée de sa splendeur à ceux qui ne l'ont jamais vu ? — Quel coup d'œil que l'aspect de ses eaux argentées, à travers les érables, à une distance d'un mille, pour le voyageur fatigué qui est parvenu au haut de la montagne qui le limite au côté nord ! Qu'il paraît riche avec ses nombreux îlets, en forme de couronne, chargés de pins verts qui semblent autant d'émeraudes parsemées dans une toile d'argent ! Qu'il est pensif et mélancolique lorsqu'aucune voix importune ne réveille les nombreux échos de ses rivages ! Qui aurait pu croire, en le voyant, le 16 août, balancer au souffle léger d'un vent d'est ses eaux azurées, que, dans la nuit qui devait suivre cette belle journée, il vomirait de son sein des esprits infernaux qui troubleraient sa tranquillité céleste pour enrichir un chétif mortel ! Qui pourrait croire en effet que cette oasis était le lieu choisi par Amand pour tracer ses cercles nécromantiques ?

Neuf heures sonnaient lorsque deux hommes partirent de leurs demeures respectives pour se rendre sur ses rives, lieu marqué du rendez-vous. Mais qu'elles étaient différentes les sensations qui les animaient ! Amand certain de son élévation future se rendait, joyeux, sans aucune crainte, vers le lieu où il croyait devoir échanger le salut éternel de son âme pour une poignée d'or. Il calculait même déjà les jouissances qu'il allait acheter, une pensée surtout lui souriait : il pourrait donc enfin se livrer, sans interruption, à ses études chéries. — Et puis... s'il pouvait donc trouver la pierre philosophale... La postérité ! Cette idée le faisait avancer rapidement. Dupont, au contraire, marchait lentement et pensait que, quoique Amand lui eût promis de prendre toute la responsabilité du crime, il se pourrait bien qu'en y participant, il eût aussi part au châtiment qui devait en être la conséquence. Plusieurs fois il fut près de rebrousser chemin ; mais l'idée de manquer à sa parole, et une fausse honte, le firent continuer. Comme il entrait dans le bois situé au pied de la montagne, son âme se resserra en lui-même et son cœur se prit à battre avec violence ; il lui sembla que l'atmosphère était plus étroite, une sueur froide coulait sur son front, et il se sentait exténué, ses jambes pouvaient à peine le supporter. — Il avait peur !... Chaque arbre lui semblait un fantôme et le vent qui bruissait dans le feuillage lui semblait un gémissement qui tombait sur son esprit comme le râle de la dernière agonie d'un mourant. Il s'arrêta, ôta son chapeau et, s'étant essuyé le front, il respira plus à l'aise. Il se mit à chanter la chanson suivante pour se distraire des idées sinistres qui l'accablaient[1] :

> Quand vous passerez par chez nous,
> Oua, oua,
> N'oubliez pas Madelaine,
> Falurondondaine,
> N'oubliez pas Madelaine,
> Falurondondé.

> Elle avait un jupon blanc,
> Oua, oua,
> Tout garni de dentelle,
> Falurondondaine,
> Tout garni de dentelle.
> Falurondondé.

---

1. Les cultivateurs canadiens ont pour habitude de chanter «lorsqu'ils ne sont pas trop rassurés », pour me servir de leurs expressions. (N.d.A.)

Chez nous y a du pain, du vin,
Oua, oua,
Et pour ton bidet de l'avoine,
Falurondondaine,
Et pour ton bidet de l'avoine,
Falurondondé.

J'ai débridé mon bidet,
Oua, oua,
Et je l'ai mené à la fontaine,
Falurondondaine,
Et je l'ai mené à la fontaine,
Falurondondé.

Il en but cinq ou six seaux
Oua, oua,
Il a vidé la fontaine,
Falurondondaine,
Il a vidé la fontaine,
Falurondondé.

Il fut, ici, interrompu par une voix qui l'appelait par son nom, ce qui lui fit faire trois pas en arrière. Il était arrivé, sans s'en être aperçu, jusqu'à la fourche de chemin où Amand devait l'attendre pour procéder avec lui jusqu'au lieu désigné ; il se remit aussitôt qu'il l'eut reconnu, et l'ayant salué, d'un ton bref, en lui disant — Bonsoir Amand ; ils poursuivirent leur route, en silence, sous les immenses érables qui bordent le sentier.

— Beaucoup de personnes marchent plus gaiement à la fortune que toi, Dupont, observa enfin Amand.

— C'est qu'ils y vont par d'autres voies, répondit brusquement celui-ci. Je suis à toi ; qu'as-tu à désirer de plus ?

— Je désirerais te voir plus gai.

— Il faut avouer que tout doit nous porter à la gaieté ; puisque dans une heure, tout au plus, nous serons dans la société du diable.

— Ce n'est que pour un moment; après tout, une nuit est bientôt passée.

Dupont demeura silencieux. Ils étaient arrivés au sommet de la montagne et ils commençaient à distinguer le lac qui, par cette nuit sombre, ressemblait à un immense voile noir. Ils descendirent rapidement le peu de chemin qui leur restait à faire et se trouvèrent enfin sur sa rive.

Amand tira aussitôt de sa poche une lame d'acier vierge qu'il avait préparée à cet effet et s'en servit pour couper une branche de coudre vert en forme de fourche qu'il trempa trois fois dans les eaux du lac en prononçant une formule cabalistique à voix basse[1]. Puis il la planta en terre, et, à l'aide d'un briquet et de *tondre*[2], il alluma un petit feu et, s'étant emparé de la poule que Dupont lui présentait, il lui coupa le col avec le même instrument dont il s'était servi pour couper la branche; il fit dégoutter le sang sur le brasier qu'il recouvrit de verveine et y répandit une poudre sulfureuse qu'il avait dans sa poche. Le soufre s'étant enflammé, une épaisse fumée s'éleva entre Dupont et lui. À peine son malheureux compagnon l'eut-il vue et sentie qu'il porta la main à son front en prononçant les mots: «Au nom du père, etc.» Amand lui saisit le bras, en le toisant d'un air menaçant, et recula lui-même de quelques pas pour voir l'effet que produirait sa nécromancie. Quelle fut sa consternation, lorsqu'il vit le dernier tourbillon de fumée se perdre dans les nuages et la nature qui l'environnait plongée dans la même apathie! Sa tête tomba sur sa poitrine et il demeura quelques instants pensif, puis s'adressant avec amertume à Dupont: — Il y a ici quelque tour de votre façon, monsieur. Dupont garda le silence. — Voyons, avouez-le donc:

---

1. Je dois avertir mon lecteur que cette formule de conjuration, ainsi que la manière de changer les métaux en argent, dont nous avons parlé plus haut, ne se trouve pas dans les ouvrages d'Albert le Petit tels qu'on les vend ordinairement. Mais ce sont des éditions contrefaites. Amand m'a assuré, lui-même, qu'il tenait une véritable copie de l'original qui lui avait été donnée par un Français. (*N.d.A.*)

2. Les cultivateurs canadiens se servent de loupes d'érables sèches pour allumer du feu à l'aide d'un briquet et d'une pierre à fusil. (*N.d.A.*)

vous vous êtes muni de quelques saintes reliques pour faire avorter mes projets. Vous auriez aussi bien fait de rester chez vous, homme faible et pusillanime. Pourquoi faut-il que ma malheureuse destinée m'ait fait jeter les yeux sur vous, au préjudice d'une centaine d'hommes (et il appuya sur ce mot) qui auraient pris votre place avec tant de joie ?

— Je n'ai point de reliques, mais j'ai une conscience pure et je remercie Dieu qu'il m'ait donné assez de force pour ne pas suivre tes conseils pernicieux. Je ne suis pas un voleur ! — J'ai acheté la poule noire ! Et sans attendre aucune réponse il se mit à remonter le flanc de la montagne.

— Que le diable puisse te rendre tout le mal que tu me fais ! lui cria notre héros, sans bouger de sa place.

Dès qu'il fut seul il s'assit et demeura plongé dans un profond abattement qui dura près d'une heure, puis s'était levé tout à coup : — Plus de confiance dans les hommes désormais, s'écria-t-il. Je ne me fierai plus qu'à moi-même. Je vais me procurer une *main-de-gloire* et la véritable chandelle magique[1], aussitôt que possible, et alors : qui pourra me tromper ? Cette pensée parut le fortifier, il regarda tristement le lac et reprit lentement le chemin de sa chaumière, non sans laisser échapper quelques soupirs en songeant à la mauvaise fortune qui le poursuivait.

---

1. La main-de-gloire est une main de pendu desséchée, avec laquelle on peut pénétrer où l'on veut ; et la chandelle magique est composée de sa graisse fondue avec du cierge. Un homme qui se promène la nuit, avec ce flambeau pascal, doit trouver un trésor à l'endroit où elle s'éteint. (*N.d.A.*)

CHAPITRE TROISIÈME

Le meurtre

Et c'est le meurtre qui vient, froidement médité,
Flairer ta gorge nue et t'ouvrir le côté.

BERTAUD[1]

Murder, most foul.

SHAKESPEARE[2]

Je conçois bien que l'Espagnol vindicatif attende son ennemi au détour sombre d'une forêt et lui plonge son poignard dans le cœur ; que le Corse sauvage attende sur le haut d'un ravin l'objet de sa *vendette*, et, d'un coup de sa carabine, l'étende à ses pieds ; que l'impétueuse Italienne porte un stylet à sa jarretière et perce le sein d'un amant infidèle ; il y a quelque chose de grandiose dans leur action ; le premier appelle sa vengeance « le plaisir des Dieux », et dit avec le poète anglais que « c'est une vertu ». Le second a une dette sacrée à payer : son père peut-être la lui a laissée ! La troisième a son excuse dans la passion la plus puissante du cœur humain, l'amour, source de tant d'erreurs. Elle ne conçoit pas qu'on puisse aimer et supporter de l'indifférence ; elle veut que le jeune Anglais, aux cheveux blonds, boive la coupe des passions, comme elle, fille du Midi à la longue chevelure noire, à l'âme de feu !... Mais ce que je ne puis concevoir et ce qui répugne à la raison, c'est qu'un être, auquel on ne peut refuser le nom d'homme, puisse s'abreuver du sang de son semblable pour un peu d'or...

Sur les bords de la charmante rivière des Trois-Saumons est une jolie maison de campagne peinte en rouge qui touche,

---

1. Jean BERTAUT (1552-1611), poète français. L'auteur ne semble pas certain de l'orthographe du nom de ce poète, puisqu'il écrira plus loin « Berthaud ».
2. *Hamlet*, acte I, scène 5.

au côté sud, à la voie publique et, au côté nord, au fleuve Saint-Laurent ; les arbres qui la couvrent de leur feuillage, sur le devant, invitent maintenant le voyageur fatigué à se reposer ; car c'est à présent une auberge. Autrefois ce fut la demeure d'un assassin, et ses murs, maintenant si propres et si blancs, ont été rougis du sang du malheureux qu'un destin fatal avait conduit sous son toit.

Au temps dont je parle, elle était occupée par Joseph Lepage, homme chez lequel deux passions seulement s'étaient concentrées ; l'une qui n'a de nom que chez la brute, et l'autre, celle du tigre : la soif du sang. Il pouvait, comme la tigresse d'Afrique, se reposer près du cadavre qu'il avait étendu à ses pieds et contempler de son œil sanglant sa victime encore palpitante.

Qui pourrait peindre cette malédiction de Dieu incarnée ? Personne... Essayons au moins d'en donner une faible esquisse. Cet homme était d'une taille et d'une force prodigieuses : il eût été bien proportionné sans son immense poitrine ; son front était large et proéminent et deux sourcils épais couvraient deux os d'une grandeur démesurée sous lesquels étaient ensevelis, dans leur orbite creuse, ses yeux sombres et étincelants. Son nez aquilin couvrait une bouche bien fendue sur laquelle errait sans cesse un sourire de bagne, ce sourire qu'on ne voit guère que sur le siège des prévenus, qui les abandonne dès qu'ils entrent au cachot et qu'ils reprennent lorsque les prisons les revomissent au sein de la société. Deux protubérances qu'il avait derrière les oreilles l'auraient fait condamner sans témoins par un juge phrénologiste[1]. Ses manières, quoique engageantes, inspiraient la défiance ; et l'enfance même qu'il cherchait à capturer s'enfuyait à sa vue.

Il était assis sur le seuil de sa porte, vêtu d'une longue robe de chambre, le 6 septembre 182 —, lorsqu'un colporteur s'approcha de lui pour lui demander s'il désirait acheter

---

1. Celui qui pratique la phrénologie : on prétendait pouvoir étudier les traits psychologiques d'un homme par la forme de son crâne.

quelques marchandises. Il se leva aussitôt et le pria d'entrer, après l'avoir fait asseoir et invité à se rafraîchir ; il l'engagea, vu que le soleil était bientôt près de se coucher, à passer la nuit chez lui. Le jeune homme, qui s'appelait Guillemette, refusa d'abord ; mais celui-ci ayant fait observer qu'il y avait beaucoup de chasse aux environs et lui ayant offert un fusil, il se décida à rester et accepta ses offres. Il prit le fusil et sortit accompagné de son hôte. Ils aperçurent un jeune homme, en habit de voyageur, qui venait à eux et qui s'arrêta lorsqu'il les eut joints.

Le nouvel arrivé était d'un belle taille et sa mise, très recherchée ; les traits de son visage, d'une beauté rare, annonçaient la fatigue jointe à une mélancolie habituelle. Il salua le compagnon de Lepage qui, le reconnaissant, lui rendit son salut, en lui disant : — Vous paraissez fatigué M. de Saint-Céran ; venez-vous de loin ?

— J'arrive des pays d'en haut, répondit ce dernier.

— Allez-vous plus loin ce soir, François ?

— Non, je profite de l'offre obligeante de monsieur et je vais coucher chez lui ; et vous ?

Ici la physionomie de Lepage se rembrunit. Il avait intérêt à ce que personne ne sût que le malheureux colporteur passait la nuit dans sa demeure.

— Je vais marcher encore une demi-heure et je crois que je logerai ce soir chez un de mes amis. Adieu je suis pressé. Il continua sa route. Guillemette prit le chemin du rivage et, après avoir chassé près d'une heure, il rentra au logis pour souper. Il trouva la table mise et se mit à manger de bon appétit. La conversation roula pendant le repas sur ses spéculations et il avoua franchement à son hôte qu'il n'avait vendu que pour onze louis depuis son départ de la capitale. Après avoir pris quelques verres de vin qui contenaient un fort narcotique que Lepage y avait jeté à son insu, il manifesta le désir de se reposer, et se jeta sur un petit lit où il ne tarda pas à s'endormir.

Alors commença le drame horrible dont nous allons entretenir nos lecteurs. Lepage, jusqu'alors accoudé sur la table et enseveli dans les rêveries, se leva et fit quelques tours dans la chambre à pas lents, puis s'arrêta près de l'endroit où dormait sa victime. Il écouta, d'un air inquiet, son sommeil inégal et entrecoupé de paroles sans suite. « Il n'est pas encore entièrement sous " l'influence de l'opiat " », se dit-il, et il retourna s'asseoir sur un sofa. La lumière qui brûlait sur la table laissait échapper une lueur lugubre qui donnait un relief horrible à son visage sinistre enfoncé dans l'ombre ; relief horrible, non par l'agitation qui se peignait sur des traits d'acier, mais par le calme muet et l'expression d'une tranquillité effrayante. Il se leva de nouveau, s'avança près d'une armoire et en sortit un marteau qu'il contempla avec un sourire de l'enfer : le sourire de Shylock[1], lorsqu'il aiguisait son couteau et qu'il contemplait la balance dans laquelle il devait peser la livre de chair humaine qu'il allait prendre sur le cœur d'Antonio. Il donna un nouvel éclat à sa lumière ; puis, le marteau d'une main et enveloppé dans les plis de son immense robe, il alla s'asseoir près du lit du malheureux Guillemette.

Il considéra, pendant quelque temps, son sommeil paisible, avant-coureur de la mort qui ouvrait déjà ses bras pour le recevoir ; il écouta un moment les palpitations de son cœur : — quelque chose d'inexprimable et qui n'est pas de ce monde, mais de l'enfer, passa sur son visage ; il resserra involontairement le marteau, écarta la chemise du malheureux étendu devant lui et, d'un seul coup de l'instrument terrible qu'il tenait à la main, il coupa l'artère jugulaire de sa victime. Le sang rejaillit sur lui et éteignit la lumière. Alors s'engagea dans les ténèbres une lutte horrible ! lutte de la mort avec la vie. Par un saut involontaire, Guillemette se trouva corps à corps avec son assassin qui trembla pour la première fois en sentant l'étreinte désespérée d'un mourant et en entendant, près de son oreille, le dernier râle qui sortait de la bouche de celui qui l'embrassait avec tant de violence, comme un cruel adieu à la

---

1. Shylock et Antonio sont deux personnages de la pièce *Le marchand de Venise* de SHAKESPEARE. Shylock, un usurier, exige d'Antonio une livre de sa chair si ce dernier ne peut lui rendre l'argent prêté.

vie. Il eut néanmoins le courage d'appliquer un second coup et, un instant après, il entendit, avec joie, le bruit d'un corps qui tombait sur le plancher ; le silence vint augmenter l'horreur de ce drame sanglant et la pendule sonna onze heures.

Il ralluma sa bougie avec peine et revint dans le cabinet où il s'efforça, en vain, d'arrêter le sang qui sortait de la blessure : — Faisons disparaître aussitôt que possible toutes ces traces qui pourraient me trahir, se dit-il. Et, quant à toi, ton linceul, c'est l'onde. Il dépouilla ensuite le corps et lui attacha les pieds avec une corde, fit le tour de chaque fenêtre pour voir s'il n'entendrait aucun bruit du dehors, et ouvrit sa porte ; mais aucune voix étrangère ne troublait le silence de la nuit : la tempête régnait dans toute son horreur ; et le sifflement du vent, mêlé au fracas de la pluie et au mugissement des vagues, se faisait seul entendre. Il referma la porte avec précaution, ouvrit la fenêtre qui donnait sur le rivage, y jeta le corps et le rejoignit aussitôt. La force du vent le faisait chanceler et la noirceur de la nuit l'empêchait de voir la petite embarcation dans laquelle il se proposait de se livrer avec sa victime à la merci des flots. Il la trouva enfin et, quoiqu'il eût fallu la force de deux hommes pour la soulever, il la fit partir de terre d'un bras vigoureux, y déposa le corps et la porta jusqu'à l'endroit où la vague venait expirer sur le rivage. Il attacha alors le cadavre derrière le canot et, s'y étant placé, il fit longtemps de vains efforts pour s'éloigner : le vent qui soufflait avec force du nord et la marée montante le rejetaient sans cesse sur la côte. Enfin, par une manœuvre habile, il parvint à gagner le large, et après un travail pénible de deux heures, épuisé de fatigue et se croyant dans le courant du fleuve qui court sur la pointe de Saint-Roch, il coupa la corde et dirigea sa course vers le rivage. Il trouva tout chez lui dans le même ordre qu'il l'avait laissé, referma la fenêtre et se mit à l'ouvrage. Il déposa l'argent dans son coffre, brisa la cassette dans laquelle le colporteur transportait ses marchandises, les mit dans un sac qu'il serra, jeta les planches dans la cheminée, mit de côté les habillements, lava les taches de sang du mieux qu'il put, puis se jeta sur son lit où il ne tarda pas à s'endormir d'un profond sommeil. La fatigue le fit reposer pendant quelques heures; mais, vers le matin, son imagination, frappée des scènes de la veille, vint les lui rappeler avec des circonstances horribles.

Il lui sembla que sa demeure était transformée en un immense tombeau de marbre noir; que ce n'était plus sur un lit qu'il reposait, mais sur le cadavre d'un vieillard octogénaire auquel il était lié par des cheveux d'une blancheur éclatante. Des milliers de vermisseaux qui lui servaient de drap mortuaire le tourmentaient sans cesse. Tout à coup, au pied de sa couche glacée se levait lentement l'ombre d'une jeune fille, enveloppée d'un immense voile blanc, qui l'invitait à la rejoindre; et il faisait d'inutiles efforts pour se soulever. La jeune fille levait son voile et, sur son corps d'une beauté éblouissante, il voyait un visage dévoré par un cancer hideux, qui lui présentait une bouche sanglante à baiser. Puis l'ombre de Guillemette se présentait à son chevet, pâle et livide; de son crâne fracassé s'écoulait une longue trace de sang et sa chemise entrouverte laissait voir une profonde blessure à son col. Il se sentait près de défaillir; mais l'apparition lui jetait quelques gouttes de sang sur les tempes et ses forces s'augmentaient malgré lui. Il voulait se fuir lui-même; mais une voix intérieure lui répétait sans cesse: seul avec tes souvenirs!

CHAPITRE QUATRIÈME

Le cadavre

Enfin, Dieu l'a voulu et l'heure est décidée.

BERTHAUD[1]

Mais lorsqu'à ses côtés le sépulcre s'entrouvre
Et que la mort surgit, c'est alors qu'il a peur.

GRATOT[2]

Ne buvez pas à la coupe du crime,
au fond est l'amère détresse et l'angoisse de la mort.

LAMENNAIS[3]

L'homme coupable peut dormir quelque temps en sécurité ; mais lorsque la coupe du crime est remplie, une dernière goutte y tombe et, comme une voix descendue du ciel, vient faire retentir aux oreilles du criminel ces terribles paroles : c'est assez ! Puis alors, adieu tous les rêves de bonheur fondés sur cette base impure, le remords commence son office de bourreau et chaque espérance est détruite par une réalité. Oh ! qu'il doit être horrible le remords qui présente au malheureux, comme dernière perspective, le gibet ! Le gibet avec toute sa solennité, sa populace silencieuse, ses officiers en noir, son ministre de l'évangile, le bourreau et sa dernière pensée — la mort ! Telles étaient les idées qui devaient troubler Lepage dans sa profonde sécurité. Il ne se doutait guère, lorsqu'il fut réveillé en sursaut, sur les huit heures du matin, par la voix qui lui criait que désormais il serait seul avec sa pensée, qu'avant minuit cette sentence serait accomplie.

---

1. Voir note 1, page 20.
2. Il s'agit probablement d'un certain Amédée GRATOT dont un poème, « La justice de Dieu qui passe », a été publié dans *Le Canadien* du 27 juillet 1832. C'est ce poème qui est cité ici.
3. Voir note 1, page 9.

Sa préoccupation de la veille lui avait fait oublier qu'à une demi-lieue de chez lui, une jolie anse de sable avançait à une grande distance dans le fleuve, et qu'au baissant de la marée, le courant y portait avec beaucoup de force. C'est là qu'après avoir été longtemps le jouet des flots, le corps de Guillemette fut se reposer sur le sable derrière la maison où Saint-Céran avait passé la nuit. Au point du jour la fermière courut à sa pêche afin de chercher du poisson pour le déjeuner de son hôte. Qui pourrait peindre son horreur lorsque sa marche fut arrêtée par un cadavre qu'elle heurta ! Elle rebroussa chemin aussitôt et courut donner l'alarme chez elle. Son mari, accompagné de Saint-Céran et de plusieurs domestiques, s'y rendit sur-le-champ. Quel fut l'étonnement de notre jeune voyageur lorsqu'il reconnut son ami ! Il allait jeter un cri de surprise, lorsqu'il aperçut une blessure au crâne. Il devint alors calme et observa seulement. Malheureux jeune homme ! — Il faut le transporter immédiatement chez vous, M. Thibault.

Ayant déposé silencieusement le cadavre sur une planche, ils prirent le chemin de la maison, accompagnés de la femme et des domestiques qui suivaient en pleurant : car c'était une émotion violente pour des âmes vierges qui n'avaient jamais eu occasion d'aller se blaser même sur l'idée de la mort, dans nos théâtres. Pauvres créatures ! elles n'auraient pas versé de larmes si elles avaient eu l'avantage immense, dont nous avons su si bien profiter, celui d'ensevelir leur sensibilité sous le rideau qui termine un des drames de Victor Hugo ou d'Alexandre Dumas[1].

Le corps fut déposé dans le plus bel appartement de la maison sur deux planches appuyées à chaque bout sur des chaises, puis recouvert d'un drap blanc. Deux cierges, une soucoupe d'eau bénite avec un rameau de sapin vert furent posés à ses pieds et le père, accompagné de sa famille, récita à haute voix les prières des morts.

---

1. Victor HUGO (1802-1885) et Alexandre DUMAS père (1802-1870) sont deux auteurs phares du romantisme français.

Saint-Céran, après leur avoir recommandé le secret sur cet événement (secret qui fut gardé jusqu'à ce qu'ils pussent se rendre chez leurs voisins), alla trouver un magistrat respectable du lieu et lui communiqua ce qu'il savait ; ajoutant qu'il était prêt à prêter le serment voulu : qu'en son âme et conscience, il croyait Lepage l'auteur du meurtre. Toutes les formalités remplies, il ne restait plus qu'à exécuter l'ordre d'arrestation, chose d'autant moins facile qu'ils connaissaient tous deux le caractère désespéré de ce dernier. Après avoir consulté un homme de loi très éclairé qui demeurait près de là, ils résolurent de faire tous leurs efforts pour empêcher que la nouvelle ne lui parvînt, et en même temps, d'aviser quelque expédient pour s'assurer de sa personne.

Onze heures sonnaient lorsqu'une vingtaine de personnes partirent de la demeure du magistrat, précédées d'une voiture et marchant dans le plus profond silence. Arrivées au but, la maison fut entourée et tous attendirent le dénouement de leur stratagème. Le jeune homme qui conduisait la voiture l'arrêta et frappa à la porte. Cinq minutes après, une voix forte demanda : Qui va là ?

— Je viens vous chercher pour la mère Caron qui a ben rempiré, M. le docteur[1], fut la réponse.

— Je suis malade, je ne puis sortir.

— Eh ben, elle demande si vous pourrez pas y donner de quoi la faire dormir ?

— Attends un peu. Cinq minutes après, le charlatan entrouvrait sa porte de manière à y passer le bras seulement et présentait une fiole. Le jeune homme avait bien joué son rôle jusque-là et n'avait pas reçu d'autres instructions ; car ceux qui lui avaient dicté ce qu'il devait faire croyaient que cela suffirait pour leur livrer celui qu'ils attendaient. Mais il sentit que

---

1. Je dois informer mes lecteurs que Lepage pratiquait la médecine, sans licence, depuis six mois dans la paroisse et jouissait d'une haute réputation d'habileté. (*N.d.A.*)

le coup était manqué s'il ne trouvait quelque expédient : une idée lumineuse le frappa.

— J'ai peur de la casser, monsieur, dit-il, je vas embarquer car la jument est mal commode, voudrez-vous me la donner dedans la voiture, et il accompagnait ses paroles de l'action. Lepage sortit pour la lui donner, et fut aussitôt saisi par un bras vigoureux, et entouré ; il essaya en vain de s'emparer d'une hache et d'un fusil qu'il avait près de la porte, il fut obligé de succomber au nombre, et se laissa lier en demandant, d'un air calme, ce qu'on lui voulait. Il fut alors informé, par le magistrat, de quelle nature était l'accusation portée contre lui.

— S'il n'y a que cela, dit-il, mon innocence est ma sauvegarde.

— C'est ce que nous verrons, reprit aussitôt le diseur de bons mots de la paroisse qui se trouvait là, et il allait commencer ses plaisanteries sans fin lorsqu'il fut averti par le magistrat, homme sévère, que le prisonnier n'était pas encore trouvé coupable par un jury de son pays, que, quand même il le serait, sa situation devait inspirer la pitié plutôt que le persiflage, et que, pour le présent, il devait être traité avec égard. Il le fit ensuite asseoir, et le plaça sous la garde de quatre hommes. Lepage demanda si on voulait lui permettre de se reposer : sur la réponse affirmative, il se coucha à terre et, quelques minutes après, il feignait d'être enseveli dans un profond sommeil. Le magistrat se retira ensuite avec un ordre strict qu'il y eût pendant toute la nuit une garde armée suffisante près de lui.

La tempête qui, la nuit précédente, avait cessé lorsque le corps du malheureux Guillemette était devenu le jouet des flots, ébranlait de nouveau la petite maison où gisait le meurtrier, et quelques gouttes de grosse pluie frappaient de temps à autre les vitrages. Sur un matelas, dans un coin de la chambre encore teinte de sang, était couché Lepage, le dos tourné aux assistants, et sa tête enveloppée d'une couverture. Trois des gardiens armés de fusils n'avaient rien de remarquable : leurs regards annonçaient la bonhomie du cultivateur canadien, et contrastaient avec leur occupation ; quant au quatrième, il paraissait à sa place : ce personnage gros et trapu avait le regard farouche, et une immense paire de favoris rouges qui lui couvraient la moitié du visage donnaient quelque chose d'atroce à sa physionomie. — Il tenait dans sa main droite, avec l'immobilité d'une statue, un grand sabre écossais qu'il appuyait sur sa cuisse. Plusieurs habitants fumaient tranquillement leur pipe et, au milieu d'eux, était un voyageur qui, ayant passé trente ans au service de la Compagnie du Nord-Ouest, n'était revenu que depuis quelque temps au sein de sa famille, étonnée de son retour. — Saint-Céran écrivait, assis près d'une table.

Cependant la tempête mugissait avec fureur, la pluie tombait par torrents, les éclairs sillonnaient la nue et le tonnerre grondait comme au Jugement dernier. Tous les regards se tournèrent vers Lepage qui paraissait insensible à ce qui se passait autour de lui, sur la terre et dans les cieux.

— Il dort, dit Saint-Céran, il dort paisiblement tandis que l'ange vengeur plane au-dessus de lui et semble exciter la fureur des éléments.

— C'est plutôt le diable, dit François Rigault, qui se réjouit d'avance de la bonne prise qu'il va faire ; je suis certain qu'il y aura fête, pendant quinze jours, à son arrivée au pays de Satan.

— Paix ! dit Saint-Céran, paix ! mon cher François ; ceci n'est point matière à badinage, et le malheureux, teint du sang de son frère, doit inspirer une pitié mêlée d'horreur plutôt que des plaisanteries.

— M. Saint-Céran a raison, dit Joseph Bérubé, laissons le diable tranquille ; pour moi je n'aime pas à en parler dans cette maison, et par le temps qu'il fait.

— As-tu peur qu'il nous rende visite ? dit François, d'un air goguenard.

— Eh ! Eh ! je n'en sais trop rien, dit le vieux voyageur, il a visité des maisons où il semblait avoir moins de droits qu'ici.

— Racontez-nous cela, père Ducros, dit Saint-Céran, qui n'était pas fâché, comme tous les jeunes gens, d'entendre une légende, et qui d'ailleurs voulait mettre fin aux plaisanteries de François.

— Écoutez, M. Saint-Céran, je suis vieux, je raconte longuement, à ce qu'ils me disent tous; je crains de vous ennuyer.

— Non, non, père Ducros; et tant mieux si vous êtes diffus, ça nous fera passer le reste de la nuit, répliqua le jeune homme.

— Puisque vous le voulez, je vous raconterai l'histoire telle qu'on me l'a racontée; je la tiens d'un vieillard très respectable.

CHAPITRE CINQUIÈME

L'étranger

(Légende canadienne)

> *Descend to darkness, and the burning lake :*
> *False fiend, avoid !*
> SHAKESPEARE[1]

C'était le mardi gras de l'année 17—. Je revenais à Montréal, après cinq ans de séjour dans le Nord-Ouest. Il tombait une neige collante et, quoique le temps fût très calme, je songeai à camper de bonne heure ; j'avais un bois d'une lieue à passer, sans habitation ; et je connaissais trop bien le climat pour m'y engager à l'entrée de la nuit — ce fut donc avec une vraie satisfaction que j'aperçus une petite maison, à l'entrée de ce bois, où j'entrai demander à couvert. — Il n'y avait que trois personnes dans ce logis lorsque j'y entrai : un vieillard d'une soixantaine d'années, sa femme et une jeune et jolie fille de dix-sept à dix-huit ans qui chaussait un bas de laine bleue dans un coin de la chambre, le dos tourné à nous, bien entendu ; en un mot, elle achevait sa toilette. Tu ferais mieux de ne pas y aller, Marguerite, avait dit le père comme je franchissais le seuil de la porte. Il s'arrêta tout court, en me voyant et, me présentant un siège, il me dit, avec politesse : — Donnez-vous la peine de vous asseoir, monsieur ; vous paraissez fatigué ; notre femme rince un verre ; monsieur prendra un coup, ça le délassera.

Les habitants n'étaient pas aussi cossus dans ce temps-là qu'ils le sont aujourd'hui ; oh ! non. La bonne femme prit un petit verre sans pied, qui servait à deux fins, savoir : à boucher la bouteille et ensuite à abreuver le monde ; puis, le passant deux à trois fois dans le seau à boire suspendu à un crochet de

---

1. *Macbeth*, acte IV, scène 1.

bois derrière la porte, le bonhomme me le présenta encore tout brillant des perles de l'ancienne liqueur, que l'eau n'avait pas entièrement détachée, et me dit : Prenez, monsieur, c'est de la franche eau-de-vie, et de la vergeuse[1] ; on n'en boit guère de semblable depuis que l'Anglais a pris le pays.

Pendant que le bonhomme me faisait des politesses, la jeune fille ajustait une fontange autour de sa coiffe de mousseline en se mirant dans le même seau qui avait servi à rincer mon verre ; car les miroirs n'étaient pas communs alors chez les habitants. Sa mère la regardait en dessous, avec complaisance, tandis que le bonhomme paraissait peu content. — Encore une fois, dit-il, en se relevant de devant la porte du poêle et en assujettissant sur sa pipe un charbon ardent d'érable avec son couteau plombé, tu ferais mieux de ne pas y aller, Charlotte[2]. — Ah ! voilà comme vous êtes toujours, papa ; avec vous on ne pourrait jamais s'amuser. — Mais aussi, mon vieux, dit la femme, il n'y a pas de mal, et puis José va venir la chercher, tu ne voudrais pas qu'elle lui fît un tel affront ?

Le nom de José sembla radoucir le bonhomme.

— C'est vrai, c'est vrai, dit-il, entre ses dents ; mais promets-moi toujours de ne pas danser sur le mercredi des Cendres : tu sais ce qui est arrivé à Rose Latulipe...

— Non, non, mon père, ne craignez pas : tenez, voilà José.

Et en effet, on avait entendu une voiture ; un gaillard, assez bien découplé, entra en sautant et en se frappant les deux pieds l'un contre l'autre ; ce qui couvrit l'entrée de la chambre d'une couche de neige d'un demi-pouce d'épaisseur. José fit le galant ; et vous auriez bien ri, vous autres qui êtes si bien nippés, de le voir dans son accoutrement des dimanches : d'abord un bonnet gris lui couvrait la tête, un capot d'étoffe noire dont la taille lui descendait six pouces plus bas que les reins, avec une ceinture de laine de plusieurs couleurs qui lui battait sur les

---

1. Excellent. On dit aussi « vargeux », « vargeuse ». S'emploie généralement avec la négation.
2. Lapsus : il s'agit de Marguerite. (*N.d.A.*)

talons, et enfin une paire de culottes vertes à mitasses[1] bordées en tavelle rouge complétait cette bizarre toilette.

— Je crois, dit le bonhomme, que nous allons avoir un furieux temps; vous feriez mieux d'enterrer le Mardi gras avec nous.

— Que craignez-vous, père, dit José, en se tournant tout à coup, et faisant claquer un beau fouet à manche rouge, et dont la mise était de peau d'anguille, croyez-vous que ma gue-vale[2] ne soit pas capable de nous traîner? Il est vrai qu'elle a déjà sorti trente cordes d'érable du bois; mais ça n'a fait que la mettre en appétit.

Le bonhomme réduit enfin au silence, le galant fit embarquer sa belle dans sa carriole, sans autre chose sur la tête qu'une coiffe de mousseline, par le temps qu'il faisait; s'enveloppa dans une couverte; car il n'y avait que les gros[3] qui eussent des robes de peaux dans ce temps-là; donna un vigoureux coup de fouet à Charmante qui partit au petit galop, et dans un instant ils disparurent gens et bête dans la poudrerie.

— Il faut espérer qu'il ne leur arrivera rien de fâcheux, dit le vieillard, en chargeant de nouveau sa pipe.

— Mais, dites-moi donc, père, ce que vous avez à craindre pour votre fille; elle va sans doute le soir chez des gens honnêtes.

— Ha! monsieur, reprit le vieillard, vous ne savez pas; c'est une vieille histoire, mais qui n'en est pas moins vraie! tenez: allons bientôt nous mettre à table; et je vous conterai cela en frappant la fiole[4].

— Je tiens cette histoire de mon grand-père, dit le bonhomme; et je vais vous la conter comme il me la contait lui-même:

---

1. Sortes de guêtres en peau de chevreuil ou d'orignal, ornées de dessins.
2. Terme populaire pour jument.
3. C'est-à-dire les gens riches.
4. En buvant un coup.

Il y avait autrefois un nommé Latulipe qui avait une fille dont il était fou ; en effet c'était une jolie brune que Rose Latulipe : mais elle était un peu scabreuse, pour ne pas dire éventée. — Elle avait un amoureux nommé Gabriel Lepard, qu'elle aimait comme la prunelle de ses yeux ; cependant, quand d'autres l'accostaient, on dit qu'elle lui en faisait passer ; elle aimait beaucoup les divertissements, si bien qu'un jour de Mardi gras, un jour comme aujourd'hui, il y avait plus de cinquante personnes assemblées chez Latulipe ; et Rose, contre son ordinaire, quoique coquette, avait tenu, toute la soirée, fidèle compagnie à son prétendu : c'était assez naturel ; ils devaient se marier à Pâques suivant. Il pouvait être onze heures du soir, lorsque tout à coup, au milieu d'un cotillon, on entendit une voiture s'arrêter devant la porte. Plusieurs personnes coururent aux fenêtres et, frappant avec leurs poings sur les châssis, en dégagèrent la neige collée en dehors afin de voir le nouvel arrivé, car il faisait bien mauvais. Certes ! cria quelqu'un, c'est un gros, comptes-tu, Jean, quel beau cheval noir ; comme les yeux lui flambent ; on dirait, le diable m'emporte, qu'il va grimper sur la maison. Pendant ce discours, le monsieur était entré et avait demandé au maître de la maison la permission de se divertir un peu. C'est trop d'honneur nous faire, avait dit Latulipe, dégrayez-vous[1], s'il vous plaît — nous allons faire dételer votre cheval. L'étranger s'y refusa absolument — sous prétexte qu'il ne resterait qu'une demi-heure, étant très pressé. Il ôta cependant un superbe capot de chat sauvage et parut habillé en velours noir et galonné sur tous les sens. Il garda ses gants dans ses mains, et demanda permission de garder aussi son casque, se plaignant du mal de tête.

— Monsieur prendrait bien un coup d'eau-de-vie, dit Latulipe en lui présentant un verre. L'inconnu fit une grimace infernale en l'avalant ; car Latulipe, ayant manqué de bouteilles, avait vidé l'eau bénite de celle qu'il tenait à la main, et l'avait remplie de cette liqueur. C'était bien mal au moins. — Il était

---

1. C'est-à-dire enlever ses manteau, chapeau, etc.

beau cet étranger, si ce n'est qu'il était très brun et avait quelque chose de sournois dans les yeux. Il s'avança vers Rose, lui prit les deux mains et lui dit : J'espère, ma belle demoiselle, que vous serez à moi ce soir et que nous danserons toujours ensemble.

— Certainement, dit Rose, à demi-voix et en jetant un coup d'œil timide sur le pauvre Lepard, qui se mordit les lèvres à en faire sortir le sang.

L'inconnu n'abandonna pas Rose du reste de la soirée, en sorte que le pauvre Gabriel, renfrogné dans un coin, ne paraissait pas manger son avoine de trop bon appétit.

Dans un petit cabinet qui donnait sur la chambre de bal était une vieille et sainte femme qui, assise sur un coffre, au pied d'un lit, priait avec ferveur ; d'une main elle tenait un chapelet, et de l'autre se frappait fréquemment la poitrine. Elle s'arrêta tout à coup, et fit signe à Rose qu'elle voulait lui parler.

— Écoute, ma fille, lui dit-elle ; c'est bien mal à toi d'abandonner le bon Gabriel, ton fiancé, pour ce monsieur. Il y a quelque chose qui ne va pas bien ; car chaque fois que je prononce les saints noms de Jésus et de Marie, il jette sur moi des regards de fureur. Vois comme il vient de nous regarder avec des yeux enflammés de colère.

— Allons, tantante, dit Rose, roulez votre chapelet, et laissez les gens du monde s'amuser.

— Que vous a dit cette vieille radoteuse ? dit l'étranger.

— Bah, dit Rose, vous savez que les anciennes prêchent toujours les jeunes.

Minuit sonna et le maître du logis voulut alors faire cesser la danse, observant qu'il était peu convenable de danser sur le Mercredi des Cendres.

— Encore une petite danse, dit l'étranger. — Oh ! oui, mon cher père, dit Rose ; et la danse continua.

— Vous m'avez promis, belle Rose, dit l'inconnu, d'être à moi toute la veillée : pourquoi ne seriez-vous pas à moi pour toujours ?

— Finissez donc, monsieur, ce n'est pas bien à vous de vous moquer d'une pauvre fille d'habitant comme moi, répliqua Rose.

— Je vous jure, dit l'étranger, que rien n'est plus sérieux que ce que je vous propose ; dites : Oui... seulement, et rien ne pourra nous séparer à l'avenir.

— Mais, monsieur !... et elle jeta un coup d'œil sur le malheureux Lepard.

— J'entends, dit l'étranger, d'un air hautain, vous aimez ce Gabriel ? ainsi n'en parlons plus.

— Oh ! oui... je l'aime... je l'ai aimé... mais tenez, vous autres gros messieurs, vous êtes si enjôleurs de filles que je ne puis m'y fier.

— Quoi ! belle Rose, vous me croiriez capable de vous tromper, s'écria l'inconnu, je vous jure par ce que j'ai de plus sacré... par...

— Oh ! non, ne jurez pas ; je vous crois, dit la pauvre fille ; mais mon père n'y consentira peut-être pas ?

— Votre père, dit l'étranger avec un sourire amer ; dites que vous êtes à moi et je me charge du reste.

— Eh bien ! Oui, répondit-elle.

— Donnez-moi votre main, dit-il, comme sceau de votre promesse.

L'infortunée Rose lui présenta la main qu'elle retira aussitôt en poussant un petit cri de douleur ; car elle s'était senti piquer, elle devint pâle comme une morte et prétendant un mal subit elle abandonna la danse. Deux jeunes maquignons rentraient dans cet instant, d'un air effaré, et prenant Latulipe à part ils lui dirent :

— Nous venons de dehors examiner le cheval de ce monsieur ; croiriez-vous que toute la neige est fondue autour de lui, et que ses pieds portent sur la terre ? Latulipe vérifia ce rapport et parut d'autant plus saisi d'épouvante qu'ayant remarqué, tout à coup, la pâleur de sa fille auparavant, il avait obtenu d'elle un demi-aveu de ce qui s'était passé entre elle et l'inconnu. La consternation se répandit bien vite dans le bal, on chuchotait et les prières seules de Latulipe empêchaient les convives de se retirer.

L'étranger, paraissant indifférent à tout ce qui se passait autour de lui, continuait ses galanteries auprès de Rose, et lui disait en riant, et tout en lui présentant un superbe collier en perles et en or : Ôtez votre collier de verre, belle Rose, et acceptez, pour l'amour de moi, ce collier de vraies perles. Or, à ce collier de verre, pendait une petite croix et la pauvre fille refusait de l'ôter.

Cependant une autre scène se passait au presbytère de la paroisse où le vieux curé, agenouillé depuis neuf heures du soir, ne cessait d'invoquer Dieu, le priant de pardonner les péchés que commettaient ses paroissiens dans cette nuit de désordre : le Mardi gras. Le saint vieillard s'était endormi, en priant avec ferveur, et était enseveli, depuis une heure, dans un profond sommeil, lorsque, s'éveillant tout à coup, il courut à son domestique, en lui criant : Ambroise, mon cher Ambroise, lève-toi, et attelle vite ma jument. Au nom de Dieu, attelle vite. Je te ferai présent d'un mois, de deux mois, de six mois de gages.

— Qu'y a-t-il ? monsieur, cria Ambroise, qui connaissait le zèle du charitable curé ; y a-t-il quelqu'un en danger de mort ?

— En danger de mort ! répéta le curé ; plus que cela, mon cher Ambroise ! une âme en danger de son salut éternel. Attèle, attelle promptement.

Au bout de cinq minutes, le curé était sur le chemin qui conduisait à la demeure de Latulipe et, malgré le temps affreux qu'il faisait, avançait avec une rapidité incroyable ; c'était, voyez-vous, sainte Rose qui aplanissait la route.

Il était temps que le curé arrivât ; l'inconnu en tirant sur le fil du collier l'avait rompu, et se préparait à saisir la pauvre Rose ; lorsque le curé, prompt comme l'éclair, l'avait prévenu en passant son étole autour du col de la jeune fille et, la serrant contre sa poitrine où il avait reçu son Dieu le matin, s'écria d'une voix tonnante : — Que fais-tu ici, malheureux, parmi des chrétiens ?

Les assistants étaient tombés à genoux à ce terrible spectacle et sanglotaient en voyant leur vénérable pasteur, qui leur avait toujours paru si timide et si faible, et maintenant si fort et si courageux, face à face avec l'ennemi de Dieu et des hommes.

— Je ne reconnais pas pour chrétiens, répliqua Lucifer en roulant des yeux ensanglantés, ceux qui, par mépris de votre religion, passent à danser, à boire et à se divertir, des jours consacrés à la pénitence par vos préceptes maudits ; d'ailleurs cette jeune fille s'est donnée à moi, et le sang qui a coulé de sa main est le sceau qui me l'attache pour toujours.

— Retire-toi, Satan, s'écria le curé, en lui frappant le visage de son étole, et en prononçant des mots latins que personne ne put comprendre. Le diable disparut aussitôt avec un bruit épouvantable et laissant une odeur de soufre qui pensa suffoquer l'assemblée. Le bon curé, s'agenouillant alors, prononça une fervente prière en tenant toujours la malheureuse Rose, qui avait perdu connaissance, collée sur son sein, et tous y répondirent par de nouveaux soupirs et par des gémissements.

— Où est-il ? où est-il ? s'écria la pauvre fille, en recouvrant l'usage de ses sens. — Il est disparu, s'écria-t-on de toutes parts. Oh mon père ! mon père ! ne m'abandonnez pas ! s'écria Rose, en se traînant aux pieds de son vénérable pasteur — emmenez-moi avec vous... Vous seul pouvez me protéger... je me suis donnée à lui... Je crains toujours qu'il ne revienne... un couvent ! un couvent ! — Eh bien, pauvre brebis égarée, et maintenant repentante, lui dit le vénérable pasteur, venez chez moi, je veillerai sur vous, je vous entourerai de saintes reliques, et si votre vocation est sincère, comme je n'en doute pas après cette terrible épreuve, vous renoncerez à ce monde qui vous a été si funeste.

Cinq ans après, la cloche du couvent de... avait annoncé depuis deux jours qu'une religieuse, de trois ans de profession seulement, avait rejoint son époux céleste, et une foule de curieux s'étaient réunis dans l'église, de grand matin, pour assister à ses funérailles. Tandis que chacun assistait à cette cérémonie lugubre avec la légèreté des gens du monde, trois personnes paraissaient navrées de douleur: un vieux prêtre agenouillé dans le sanctuaire priait avec ferveur, un vieillard dans la nef déplorait en sanglotant la mort d'une fille unique, et un jeune homme, en habit de deuil, faisait ses derniers adieux à celle qui avait été autrefois sa fiancée — la malheureuse Rose Latulipe.

CHAPITRE SIXIÈME

Saint-Céran

... toute une année,
De bals et de fleurs couronnée,
Nous laisse un heureux souvenir.

GRATOT[1]

But in man's dwelling, he became a thing,
Restless, and worn, and stern, and wearisome,
Drooped as a wild-born falcon with clipt wing,
To whom the boundless air alone were home.

BYRON[2]

Le lendemain, après une enquête qui dura toute la matinée, pendant laquelle Lepage avoua qu'il connaissait Guillemette, le magistrat lui demanda s'il le reconnaîtrait en le voyant et, sur sa réponse affirmative, il lui proposa de visiter le corps ; il y consentit immédiatement.

En conséquence, Lepage, lié et bien accompagné, prit le chemin de la demeure de Thibault où une foule de spectateurs l'attendaient. La conversation roulait principalement sur un point : savoir l'effet que produirait l'arrivée du meurtrier auprès de sa victime. Beaucoup affirmaient que le sang coulerait immédiatement de ses blessures dès qu'il se trouverait en présence du corps.

Le bruit de plusieurs voitures captiva un moment l'attention de l'assemblée : Le voilà, se dirent-ils et, la porte s'ouvrant, on découvrit la haute taille et les traits sévères de Lepage. Il s'avança près du corps, se baissa et prit, avec peine (car ses liens le gênaient), la branche de sapin et jeta quelques gouttes d'eau

---

1. Voir note, page 26.
2. Lord George Gordon BYRON (1788-1824), poète anglais. La citation est tirée de *Childe Harold's pilgrimage*.

bénite sur le cadavre ; puis, s'avança jusqu'à la tête et, ayant levé le drap qui lui couvrait le visage, il s'écria : — Ah ! c'est bien lui, c'est toi, mon cher ami ! et l'on m'accuse de t'avoir ôté la vie ! Si c'est moi qui ai pu commettre un crime aussi atroce, je demande à Dieu de m'écraser de sa foudre à l'instant ! Puis il promena son grand œil noir sur l'assemblée et l'arrêta sur le magistrat pour le défier et comme s'il eût voulu lui dire : — Tu croyais peut être m'émouvoir et que mes nerfs me trahiraient dans une telle entrevue : mais regarde comme je suis calme !

— C'est bien là Guillemette ? dit le magistrat.

— Oui, c'est bien là mon ami, qui a couché chez moi, avant-hier, et qui est parti à la pointe du jour. Ah ! je ne m'attendais pas à le revoir ainsi ; pauvre ami ! Lepage se tut de nouveau. Le magistrat ordonna aussitôt de le faire retirer et reconduire chez lui. Après son départ les commères assurèrent qu'à son entrée le sang avait coulé et que ce devait être lui qui l'avait assassiné. Le fait est que le sang découlait lentement et continuellement de ses blessures ouvertes.

Notre héros, que nous avons perdu de vue depuis la soirée de sa fameuse conjuration dont l'effet manqua, comme nous l'avons vu, par la mauvaise foi de Dupont, se trouvait là ; et il était intimement convaincu que Lepage était l'auteur du crime et, en conséquence, qu'il serait exécuté. Il s'en réjouissait secrètement ; car, depuis longtemps, il n'y avait pas eu d'exécution, et il commençait à perdre l'espérance de se procurer sa fameuse *main-de-gloire*, avec laquelle il était assuré de ne pas se tromper. Il se promettait bien de ne pas perdre une aussi belle occasion, et de faire agir tous les ressorts de son imagination pour réussir à s'emparer d'un des bras du criminel. Il serait retourné chez lui assez joyeux sans un accident qui le chagrinait : il avait aperçu Saint-Céran dans la réunion chez Thibault.

Un mot sur ce jeune homme — Saint-Céran était descendu d'une bonne famille et avait reçu une excellente éducation qu'il avait ensuite perfectionnée par la lecture. Sa disposition, naturellement mélancolique, l'éloignait du fracas ordinaire du monde ; aussi avait-il passé la plus grande partie de sa jeunesse dans une belle retraite, à la campagne, où il se livrait à son goût passionné pour l'étude[1]. C'est là que, dans une de ses longues promenades, il avait aperçu Amélie, jeune fille de quinze ans au sourire triste et pensif. Amélie était le type d'une belle créole[2]. Ses longs cheveux noirs descendaient jusqu'à ses pieds ; des prunelles couleur d'ébène voilaient son œil brun et languissant et donnaient à son visage pâle une expression angélique. Sa taille pouvait rivaliser avec celle des plus belles femmes du Midi... Ils s'étaient aimés en se voyant et avaient senti toute la vérité de cette belle pensée d'un auteur moderne : « Nous étions nés l'un pour l'autre et, oublieux du temps qui fuit, nous nous élancions, gaiement, dans la vie, avec nos joies naïves et nos décevantes illusions[3]. » Mais la volonté d'un père venait détruire ce rêve de bonheur ; Amélie était la fille d'Amand, et il avait juré qu'elle n'appartiendrait jamais à Saint-Céran. Peut-être que mon lecteur serait désireux de savoir d'où venait l'antipathie d'Amand. Notre héros avait fait tout son possible pour l'engager dans quelques mystères de son art et le jeune homme s'y était obstinément refusé ; ensuite il lui avait emprunté quelques livres qu'il avait entièrement gâtés : ce qui avait décidé ce dernier à lui fermer sa bibliothèque. Depuis ce temps, ils ne se parlaient plus et Amand avait défendu à sa fille de communiquer avec lui. C'est en partie ce qui avait décidé Saint-Céran à voyager dans le Haut-Canada, d'où il revenait lorsqu'il rencontra Guillemette chez Lepage.

Peut-être Amand avait-il une autre raison de refuser sa fille au jeune homme ; Saint-Céran n'était pas riche et avait souvent refusé de lui prêter de l'argent. Les jours de bonheur étaient passés et la joie faisait place à la tristesse et au malheur. Qui pourrait s'en plaindre ? Qui pourrait espérer trouver, au

---

1. Il avait néanmoins eu ses moments d'erreur. (*N.d.A.*)

2. Au XIXe siècle, ce mot désignait les personnes de race blanche nées dans les colonies, donc les enfants de colons, et non les descendants d'esclaves antillais.

3. Il pourrait s'agir d'une réminiscence d'une lecture de Jean-Jacques ROUSSEAU ou d'Alfred de MUSSET.

milieu d'une société d'hommes corrompus, la vérité, la paix et l'harmonie, seuls principes qui peuvent conduire à la vertu? Et sans la vertu, plus d'amour entre les hommes.

Saint-Céran l'avait étudiée, cette société tant vantée, et il en connaissait les fondements, qui sont: l'amour-propre, la vanité, le désir de plaire, se croire admiré de tous, prendre le sourire du mépris pour celui de l'admiration, se tourmenter toute une nuit, s'ennuyer et se dire à soi-même: — Ah! je me suis bien amusé ce soir.

Pendant une belle nuit du mois de septembre, Saint-Céran, seul sur une belle anse de sable qui s'avançait dans le fleuve, était plongé dans une réflexion profonde. Tout à coup il se prit à sourire amèrement et se dit tout haut: — Cela est vrai; mais je possédais cette malédiction de l'espèce humaine: — l'énergie! C'est une maladie qui tue: il fallait la détruire. Je n'étais pas né pour exister, j'étais né pour vivre; ne pouvant aimer, je méprisai; mais j'avais toujours ce souvenir de jeune fille là. — Je fus longtemps malheureux. Après avoir parcouru toutes les phases de la vie, je m'arrêtai près du torrent de la débauche. Un regard sur l'abîme fut suffisant. Je maudis l'existence et je me précipitai. Mon premier pas fut vers les femmes; mais des femmes qui méritent à peine ce nom. Sans toi, mon Amélie, je croirais que la femme douce, aimante ne se trouve que dans nos livres. En effet, que sont-elles, ces femmes, de nos jours? Un composé de passion dont la faiblesse, principe inhérent de leur sexe, éteint le feu naturel et le change en une flamme qui n'est qu'une déception et une moquerie du bel idéal que nous cherchons dans tout ce qui nous environne. Mues par le premier principe de leur éducation, elles cherchent à plaire, à causer une impression, et elles croient y parvenir par un air affecté, un ruban ou une réponse impertinente. Est-ce que toutes les femmes n'ont pas ces avantages, et pourquoi plaisent-elles si peu? Jeune homme, qui fais ton premier pas dans ce monde que tu idolâtres, tu me répondras sans doute qu'elles plaisent. — Mais non; semblables aux acteurs qui paraissent un moment sur un théâtre, elles amusent et elles trompent. Va les voir, ces visions si parfaites dans une belle soirée, va les voir le lendemain, pâles, défaites, attendant l'heure de reprendre leur visage riant en médisant sur tout ce qui les environna la nuit précédente, et faisant rejaillir leur mauvaise humeur sur tout ce qui les approche. Le hasard a voulu que quelques-unes, douces, aimantes, vrais météores dans la création, parussent parmi nous. Dans leur enfance, c'était un plaisir de les entendre, de les voir, de les aimer : elles étaient pures, naïves et riantes : mais la société les a bientôt flétries. Elles ont couvert d'un voile leur âme pure ; leur naïveté s'est changée en déception, leur sourire est devenu trompeur : suivant les idées d'une mère expérimentée, elles sont devenues marchandes de sentiment, elles ont appris à les prodiguer à ceux qui ont de l'or : on leur a dit que c'était le bonheur. Loin d'entourer leur enfance d'idées riantes, on a tapissé leur berceau de peintures de famine. Avant qu'elles connaissent l'amour, on leur a parlé de femmes malheureuses, entourées des enfants de la misère, baptisés dans les larmes :

> « *The child of misery baptised in tears* ».
> CRABBE[1]

cherchant, de porte en porte, un refuge contre le froid, la faim et pleurant une union qui n'avait eu pour fondement que l'affection. Pourquoi, mères barbares, ne leur avez-vous pas dit que la plupart de ces couples infortunés n'étaient tombés dans un état aussi désolant que par suite de leurs défauts ? Pourquoi ne leur avez-vous pas dit : cette femme est malheureuse parce qu'elle a épousé un homme dissolu ? Non, le mot d'or a trop d'attrait à vos oreilles, il fallait inventer un mensonge pour pouvoir parler de ce métal chéri. Cette femme, avez-vous dit, est une mendiante parce qu'elle a épousé un homme qui n'avait pas d'or, et cette phrase a été suivie d'une admonition maternelle sur les richesses — Eh bien, je le veux ; qu'on leur

---

1. Le vers serait plutôt de John LANGHORNE (1735-1779), poète anglais et traducteur, qui a écrit *The country justice*. George CRABBE (1754-1832) était un poète anglais et entomologiste.

en donne de l'or : elles en demanderont encore, elles diront à leurs filles : Vous ne pouvez plus songer à épouser un homme de rien ; vous qui avez une fortune, il faut vous élever. Qu'on leur présente, à ces femmes d'expérience, un homme titré, riche, vieillard de vingt-cinq ans, cloaque de tout ce que la corruption humaine a inventé, alors écoutez-les dire : il est jeune, il se corrigera, il doit faire le bonheur de notre enfant ; elle nous remerciera, un jour, de ce que nous la forçons de s'unir à lui. — Oui, elle vous remerciera ; ou peut-être vous maudira-t-elle un jour, lorsque, seule, entourée d'une nombreuse famille, elle pleurera sa misère dans une masure, tandis que son époux, accroupi près du feu d'un estaminet ignoble, cherche à s'enivrer en se rappelant ses jours d'opulence et de grandeur.

Mais brisons là-dessus. Mon Amélie, tu me restes, tu partageras le sort de ma vie, tu oublieras mes égarements et nous serons heureux. Je saurai t'arracher des mains d'un père ridicule... — Mais elle ne vient pas ? que peut-elle faire ? et le jeune homme se mit à se promener sur le sable en attendant son amante qu'il n'avait pas vue depuis son retour, et à laquelle il avait donné rendez-vous sur cette plage.

Après quelques minutes d'attente, il entendit le froissement d'une robe, et son amante était dans ses bras. Ah ! qu'il fut long et délicieux le baiser qu'il donna à la jeune fille qui, pleine de confiance en son honneur, se livrait sans réserve au plaisir de presser son amant sur son cœur, après une si longue séparation.

— Ah ! désormais, Eugène, tu ne me laisseras plus, j'ai trop souffert pendant ton absence. Une étreinte passionnée fut la réponse du jeune homme.

— Parle donc, mon Eugène, dis-moi donc que tu mourras près de moi.

— Il faudra pourtant que je parte de nouveau, Amélie.

— Eh bien, pourquoi donc, mon ami ?

— Tu le sais, je suis sans fortune et si je veux que tu m'appartiennes un jour...

La jeune fille soupira et quelques larmes mouillèrent sa paupière.

— Pourquoi ne pas unir nos destinées dès demain, Eugène?

— Je ne pourrais me résoudre à te voir souffrir, mon amour.

— Ah! tu ne connais pas le cœur d'une femme, si tu crois qu'il y ait de plus grande souffrance que celle de l'absence. Dis-moi, Eugène, crois-tu que l'on puisse souffrir quand on est avec celui qu'on aime? Mais non, je le sens, je ne suis pas née pour faire ton bonheur.

Le jeune homme répondit par un soupir. — Peut-être qu'un jour, ajouta-t-il, nous pourrons réaliser nos rêves de bonheur, mais en attendant, Amélie, apprends de ton amant à souffrir. Les deux amants s'assirent ensuite sur un arbre jeté par les flots sur le rivage et continuèrent pendant la plus grande partie de la nuit une conversation qui n'a rien d'intéressant pour nos lecteurs. Une heure avant le jour ils se séparèrent; elle, pour chercher en vain le repos sur un lit de misère, et lui, pour réfléchir sur le projet qu'il avait formé, depuis quelque temps, d'aller se livrer à l'étude de la médecine dans la capitale.

Le lendemain il fit ses préparatifs à la hâte, et partit quelque temps après Lepage que les magistrats faisaient conduire à la prison du district de Québec. Il ne lui arriva rien de remarquable pendant sa route qui fut assez longue, vu le mauvais état des chemins. Arrivé au but de son voyage, il passa un brevet avec un médecin éminent du lieu et commença, avec ardeur, ses études.

CHAPITRE SEPTIÈME

L'autopsie

Il n'a pas mauvaise mine ; mais il a pourtant quelque chose
de fâcheux dans le visage. Oui, ou toutes les règles de
la métoposcopie et de la physionomie sont fausses,
ou il devait être pendu. Ah ! que j'aurai de plaisir à faire
sur son corps une incision cruciale et à lui ouvrir
le ventre depuis le cartilage xiphoïde jusqu'aux os pubis.

CRISPIN MÉDECIN[1]

On taille, sans pitié, dans les corps palpitants
Comme en des robes de momies.

BERTAUD[2]

Dans la ville de Québec, au bas de la côte du Palais, est une jolie petite rue, remarquable par sa grande propreté, qui s'appelle rue de l'Arsenal. Le n° 2, au-dehors, n'a rien de bien frappant. — Le jeune homme qui s'arrêterait sous les jalousies vertes du premier étage, dans l'espérance de surprendre un sourire de femme, ou de voir un joli visage rose, serait bien trompé ; car elle n'est habitée que par des squelettes hideux. La seule pièce qui compose cet appartement est le cabinet ostéologique et la chambre de dissection de la ville. Autour des murs sont d'immenses armoires vitrées où sont rangés, avec ordre, les squelettes des plus fameux criminels de la province. Si vous le visitiez, maintenant, vous y verriez Lepage, monté sur un cheval, tenant d'une main le marteau fatal au malheureux Guillemette. Il y a quelque chose d'attristant dans ce tableau et la première idée qui frappe le visiteur, en entrant, est celle de la fameuse peinture de la mort sur le cheval pâle. Est-ce la grande idée poétique

---

1. Comédie en cinq actes (1674) de Noël LEBRETON, sieur de HAUTEROCHE (1617-1707).

2. Voir note 18, page 20.

de l'Apocalypse que les jeunes étudiants ont voulu rendre visible ? ou est-ce une simple plaisanterie sortie de la tête de quelque étourdi qui ne comprenait pas la grandeur de sa pensée ? Qui peut décider cette question dans un siècle où ceux qui se livrent à l'étude de l'anatomie en font une étude de calembours et vont folâtrer jusque sur les tombeaux ? Au temps dont nous parlons, c'était un fameux voleur du nom de Hart qui était à la tête du musée ; mais les directeurs lui firent céder sa place à Lepage, qu'ils séparèrent même d'avec les autres, mus par la même idée que Victor Hugo a depuis revêtue en si beaux vers :

> Et que ton âme, errante au milieu de ces âmes,
> Y soit la plus abjecte entre les plus infâmes :
> Et lorsqu'ils te verront paraître au milieu d'eux,
> Ces fourbes, dont l'histoire inscrit les noms hideux
> Que l'or tenta jadis, mais à qui, d'âge en âge,
> Chaque peuple, en passant, vient cracher au visage,
> Qui portent sur leurs lèvres un baiser venimeux :
> Judas qui vend son Dieu, Leduc qui vend sa ville.
> Groupe au louche regard, engeance ingrate et vile,
> Tous en foule accourront — joyeux sur ton chemin.
> Et Louvel indigné repoussera ta main[1].

Tout l'ameublement de cette pièce consistait en une table couverte d'un drap vert, une autre de bois de noyer et quelques chaises.

Dans une matinée fraîche du mois d'octobre, trois jeunes étudiants étaient assis près d'un petit feu de grille qui répandait une chaleur agréable dans cet appartement naturellement humide. À leur droite était une bouteille d'eau-de-vie, quelques verres sur la table et, du côté opposé, les débris d'un cadavre de femme et d'enfant.

— Nous allons donc avoir un sujet nouveau, Dimitry, dit le premier, qui s'appelait Leduc, en se versant à boire.

---

1. Victor HUGO, *Les feuilles d'automne. Les chants du crépuscule*, Paris : Charpentier, libraire-éditeur, 17 rue de Lille, 1846.

— Tant mieux, répondit celui-ci, car je t'avouerai que notre dernière expédition m'a dégoûté.

— Mais c'est vrai, je n'y étais pas, raconte-moi donc comment cela s'est passé.

— Est-il vrai que Young soit arrêté?

— Oui, et comme nous devions nous y attendre, en vrai gentilhomme, il se propose de porter la peine seul. Est-ce que tu ne le lui as pas raconté, Rogers?

— Non, dit celui-ci, en bâillant, je n'y ai pas songé depuis. Tu connais bien, Leduc, la petite fenêtre de la chambre d'autopsie de l'hôpital des Émigrés. Eh bien, nous avions fait rentrer Kidd, qui est tout petit, comme tu sais, et il nous a passé les deux corps. Kidd était sorti et nous nous disposions à reprendre le chemin de notre demeure, lorsque nous rencontrâmes trois maudits Watchmen qui, nous voyant porter ce fardeau enveloppé dans un drap blanc, soupçonnèrent notre occupation et se mirent à notre poursuite, nous laissâmes tomber les corps et nous nous enfuîmes; mais ils ont reconnu Young, par malheur. Ils n'ont pas osé toucher aux cadavres; et tandis qu'ils allaient chercher du secours, nous avons réussi à les transporter ici.

Dans ce moment la porte s'ouvrit et laissa entrer un nouvel étudiant.

— Ah! bonjour donc, Saint-Céran, dit Rogers qui avait gardé le silence jusqu'alors; d'où viens-tu? Tu as froid, va prendre une nippe[1].

— Je viens de l'exécution, messieurs.

— Est-ce fait? dit Rogers.

— Oui, dans une heure, le corps sera ici. Il a beaucoup souffert en mourant! Et Saint-Céran, s'étant servi un verre d'eau-de-vie, s'approcha du feu en adressant la parole à Rogers.
— Pourrais-tu me dire qui va présider à l'ouverture du corps?

---

1. Verre d'eau-de-vie. (*N.d.A.*)

— Je crois que ce sera le docteur F***, mais je n'en suis pas sûr. Enfin, peu importe, nous avons bien de l'ouvrage, pour une quinzaine de jours, au moins. — Oui, s'il n'y a pas d'études particulières.

— J'espère, Rogers, que tu n'emporteras pas les deux bras cette fois, et toi, Leduc, la tête ; j'ose croire que tu ne t'exposerais pas, Dimitry, à laisser tomber les poumons dans la rue comme cela t'est arrivé l'autre jour.

— Tenez, voilà le corps qui arrive, dit Leduc qui s'était approché de la fenêtre, et bien escorté ; car voici une demi-douzaine de nos amis avec trois honorables membres de la faculté. Alors, Saint-Céran, silence sur les bras, têtes et poumons. Tu connais le proverbe anglais : *no tales out of school.*

La porte fut de suite ouverte par Rogers, et le corps fit son entrée accompagné de sa brillante escorte. Ceux qui le portaient, l'ayant déposé sur la table, sortirent aussitôt.

— Avant de procéder, dit le Dr T***, qui venait de faire son entrée, si vous me le permettez, je vais vous donner la lecture d'une lettre que je viens de recevoir. — Avec plaisir, dirent tous les étudiants. Le Docteur déploya alors sa lettre et lut dans ces termes.

Saint-Jean-Port-Joli,
2 octobre 18 —

Mon cher ami,

Tu seras peut-être surpris de ce que, pour me débarrasser d'un fou, je te l'envoie. Mais quand je t'aurai donné mes raisons, j'espère que tu voudras bien m'excuser. Le porteur de la présente s'appelle Charles Amand ; il s'est mis dans la tête qu'avec une chandelle de graisse de pendu il doit trouver des trésors, et depuis longtemps il m'obsède pour que je lui en trouve une. Enfin, tant pour m'en délivrer pour faire une œuvre de charité, je te l'adresse. Il est bon ouvrier et il gagne ce qu'il veut ; mais il applique tout son argent sur des métaux, des poisons, etc., qu'il se procure. Dieu sait comment. Essaie donc de lui vendre une bonne chandelle de suif de mouton, pour quatre ou cinq piastres, et tu pourras donner l'argent aux pauvres. Je dois t'avertir de te défier de lui ; car, si l'on met de côté sa manie, il est fin comme un renard ; ainsi, si tu pouvais le mener dans votre *museum*, ce ne serait pas mauvais. En un mot, je te le livre.

Je suis ton ami, jusqu'à la mort.

T. L. B***

Dr T***, écuyer.
Québec

— Bon moyen de se venger du beau-père futur, se dit tout bas Saint-Céran. Docteur, ajouta-t-il haut, vous ne feriez peut-être pas mal d'attacher plusieurs chandelles à ces ossements dans les vitraux ; il faudra alors, pour parler d'une manière technique, qu'il avale la pilule.

— Bien dit, Saint-Céran, s'écrièrent tous les étudiants.

— Messieurs, comme il commence à être tard et que le docteur F*** n'est pas encore arrivé, dit le Dr T***, nous ferions bien d'ajourner l'autopsie à demain ; si vous vous trouvez ici à neuf heures précises, vous aurez occasion de voir le conjurateur en question.

— J'y serai moi, dit Saint-Céran, et moi aussi, dit Rogers, et moi, et moi, répétèrent les autres ; après s'être mutuellement souhaité une bonne nuit, les jeunes clercs se retirèrent. Le lendemain tous furent fidèles au rendez-vous, et le docteur et son patient, comme l'appelait Rogers, ne venaient pas. Le docteur F*** commença immédiatement l'autopsie. Après l'ouverture du corps et l'examen intérieur, il ordonna à Dimitry de lui couper un bras. L'opération étant finie, à la grande satisfaction de tous les étudiants, un domestique vint avertir le docteur qu'il était demandé immédiatement par un de ses malades ; ces messieurs craignaient que son caractère sévère ne l'empêchât de goûter leur plaisanterie.

Midi sonnait, lorsque le docteur T*** et notre héros firent leur entrée au musée. Amand se trouva, tout à coup, transporté dans un monde nouveau. Il n'avait jamais eu l'idée de cet immense réceptacle de la mort, au milieu duquel il se trouvait. Tantôt ses yeux se portaient sur les grands vitraux garnis de squelettes, tantôt il regardait de côté le cadavre étendu sur la table, et il ressentit une joie soudaine en s'apercevant qu'un des bras avait été coupé. Le Dr T*** l'introduisit à chaque étudiant personnellement et leur dit ensuite, d'un air sérieux, quel était le but de la visite de M. Amand. Rogers décrocha, aussitôt, une chandelle suspendue au fémur de Hart et la présenta au docteur, qui la remit à Amand, celui-ci tira immédiatement de sa poche un mouchoir de coton tout neuf et, l'ayant enveloppée avec soin, il la serra dans son sein, après quoi il tira de son gousset cinq piastres qu'il remit en échange au médecin. Il demanda ensuite à la société la permission de faire le tour de la chambre, permission qui lui fut accordée sur-le-champ. Longues furent les questions dont il accabla les étudiants, et amples les explications burlesques de ceux-ci. Arrivé près du corps de Lepage, il se mit à leur raconter mille circonstances relativement au meurtre de l'infortuné Guillemette. Ils furent surpris de la facilité avec laquelle il s'énonçait et ils écoutèrent les détails minutieux qu'il leur donna avec une chaleur et une éloquence si admirables dans un homme dont l'éducation se bornait à savoir lire un peu, et qui encore était obligé d'épeler souvent. Il saisit un moment où tous les yeux étaient fixés sur lui pour s'emparer, sans remuer la vue, du bras qui était près de lui, qu'il glissa sous son manteau et, terminant son récit, il feignit d'être en grande hâte et sortit aussitôt.

— C'est dommage qu'il soit fou, dit Leduc, car il a de l'esprit. — Cette observation resta sans réponse ; car tous les étudiants réfléchissaient sur le malheur de cette âme énergique qui, par son ignorance, se trouvait réduite à poursuivre, toute sa vie, une chimère.

Nos jeunes gens étaient tous enveloppés dans leurs manteaux et prêts à laisser la salle lorsque Leduc s'écria : — Young, ferme la porte ; inspection générale avant de sortir.

— Qu'a-t-il donc ? dit Rogers.

— Le bras, monsieur l'interrogateur, à commencer par vous, s'il vous plaît.

— Ah ! sans doute, messieurs, rien de plus juste et je propose que celui sur lequel il sera trouvé paie un souper à l'assemblée.

— Adopté, s'écrièrent les étudiants.

La recherche fut faite, mais le bras ne se trouvait pas.

— Je gage, dit Dimitry, que chose l'aura emporté pour faire quelques sortilèges.

La chambre retentit aussitôt d'un éclat de rire général. — Fais-lui payer le souper, Rogers, dit Saint-Céran, et les étudiants se dispersèrent.

CHAPITRE HUITIÈME

Le retour

Que je regrette, au sein des villes,
La douce paix de nos hameaux,
Nos cieux d'azur, nos lacs tranquilles,
Nos jours de fête et nos travaux.

Chanson nouvelle

Return to thy dwelling all lovely ; return.
CAMPBELL[1]

Notre héros avait enfin accompli heureusement le but de son voyage ; et comme le séjour de la ville n'avait rien de bien attrayant pour lui, il se proposait de partir le lendemain, avant le lever du soleil, pour regagner son humble toit aussitôt que possible. Une chose surtout lui faisait désirer, avec grande hâte, d'être de retour chez lui, il voulait préparer sa *main-de-gloire*, avant que le bras de Lepage ne fût en décomposition, et il sentait bien qu'il ne pouvait trop se hâter ; car il avait une distance de soixante-cinq milles à parcourir, à pied, dans des chemins très désavantageux. Il traversa donc le même soir à la Pointe-Lévi, afin d'être prêt à se mettre en route le lendemain avant l'aurore. Il se coucha après avoir mis sous son oreiller les deux objets de sa sollicitude, mais il essaya en vain de fermer la paupière ; car si l'inquiétude l'avait empêché de dormir jadis, la joie qu'il éprouvait dans le moment lui faisait le même effet. Il entendit avec impatience la pendule sonner toutes les heures de la nuit et, à trois, il sauta hors de son lit, s'habilla à la hâte, souhaita le bonjour à ses hôtes et se mit en route. Le chemin que prit notre héros pour se rendre à Saint-Jean-Port-Joli n'était pas alors macadamisé et le sol, qui était extrêmement noir, devenait boueux dans la saison des pluies. Amand avançait

---

1. Thomas CAMPBELL (1777-1844), poète écossais, auteur de *Lochiel's warning*.

donc avec peine, suivant autant que possible le long des clô-
tures et glissant presque à chaque pas. Néanmoins, après une
marche pénible de quatre heures, il arriva dans la paroisse de
Beaumont, au bas d'une colline connue sous le nom de Côte-
à-Nollet. Au pied de cette côte, à un demi-arpent de la voie
publique, dans un endroit renfoncé, est une petite chaumière
presque en ruines : c'est la demeure de la vieille Nollet qui a
donné son nom au coteau dont nous parlons. La femme Nollet
se mêlait aussi de nécromancie et passait généralement, dans
l'esprit des habitants, pour la plus grande sorcière du Canada.
Si mon lecteur croyait que cette fée ressemblait à la fée aux
miettes de Charles Nodier[1], il se tromperait fort, car l'amante
de Michel, hormis les dents, n'avait rien de repoussant ; tout
dans celle-ci, au contraire, était ignoble : recourbée sur elle-
même et traînant avec peine ses soixante-quinze années, lorsqu'elle vous regardait, au travers de son immense coiffe blanche,
avec son œil terne et vert, sa bouche béante et édentée, elle
ressemblait assez à ces magots que l'imagination vive de nos
jeunes filles a placés sur leurs roues de fortune pour dicter,
avec leur balai, accompagnement indispensable d'une sorcière,
leurs succès futurs en amour. D'aussi loin que Charles aperçut
la maison, — J'entrerai là, se dit-il, et je me convaincrai par
moi-même si elle est aussi versée dans les sciences occultes
qu'on le dit et peut-être qu'elle pourra me prédire si je réussirai dans mes entreprises. Arrivé à la porte il avança donc,
hardiment, et frappa deux petits coups ; une jeune et jolie
enfant d'une dizaine d'années lui ouvrit en lui demandant ce
qu'il désirait. — Puis-je voir la mère Nollet ? dit-il.

    — Oui, monsieur, donnez-vous la peine d'entrer.

    La vieille mégère était assise au coin du feu, le front appuyé
dans ses deux mains et entièrement absorbée dans ses pensées. Croyant que c'était quelqu'un de ses voisins, elle ne leva
pas même la tête quand Amand entra ; mais la jeune fille l'ayant

---

1. Charles-Emmanuel NODIER (1780-1844), écrivain français, a écrit *La fée aux
    miettes* (1832), histoire d'une vieille femme voulant épouser un orphelin
    qu'elle a élevé.

prise par son mantelet, en lui disant qu'un monsieur étranger voulait lui parler, elle se leva aussitôt en le regardant d'un air où perçait la méfiance.

— Y a-t-il quelque chose à votre service ? dit-elle d'une voix tremblante.

— Oui, la mère ; je voudrais vous parler, un moment, en particulier.

— Alors, passez par ici, dit-elle en ouvrant une porte qui donnait dans un petit appartement généralement nommé dans les campagnes, *bas côté*. Si la première pièce était dans un état de délabrement complet, la seconde ne lui cédait en rien ; le plancher en était si mauvais qu'avant d'y entrer, notre héros le sonda plusieurs fois avec son pied ; il s'appuya sur une vieille barrique défoncée, qui était dans un coin, et fixant sa compagne d'un air résolu : — Je voudrais savoir si je réussirai dans une grande entreprise que je suis sur le point de commencer.

— Vous allez être satisfait, répondit-elle en tirant de sa poche un vieux jeu de cartes espagnoles qu'elle étala avec orgueil. Après les avoir fait couper trois fois, elle les parcourut lentement, en divisa quelques-unes qu'elle garda dans ses mains :

— Vous êtes marié ? dit-elle.

— Oui.

— Vous avez des enfants ? Voyons, un, deux : attendez que je compte.

— Je n'ai qu'une fille.

— Oui, c'est justement cela.

— Permettez-moi, la mère, de vous prier d'en venir au fait immédiatement, dit notre héros, que ce préambule commençait à ennuyer fort.

— J'y viens. Vous cherchez fortune, dit-elle en regardant l'habit râpé de son interrogateur impatient.

— Oui ; mais pouvez-vous me dire par quels moyens je cherche à y parvenir ?

— Tous les moyens vous sont indifférents, dit la vieille, pourvu que vous réussissiez.

— Elle a raison, se dit-il tout bas : y parviendrai-je ?

— Oui ; si vous avez du cœur, de l'énergie et de la force.

— S'il ne faut que cela, mon coup est sûr. Tenez, voilà pour vos peines, dit-il en lui donnant une pièce de monnaie. Je vous remercie ; adieu. Elle est sorcière, pensa-t-il, et il reprit sa route.

— Du courage, de la force et de l'énergie, dit le héros, se parlant à lui-même, si vous en avez ? m'a-t-elle dit —, si j'en ai ! Les ombres des cinq cents sauvages massacrés près de la grande caverne du Cap-au-Corbeau, pourront aller lui dire bientôt si j'en manque.

Amand hâta le pas afin de se rendre à un joli bosquet, situé à une lieue de là, près d'une petite rivière, où il se proposait de se reposer quelques instants. Il était près de huit heures et demie lorsqu'il y parvint ; il prit deux ou trois morceaux de planches, étendus çà et là, aux environs d'un vieux moulin à scie, s'en fit un siège et, s'étant jeté sur le côté, il tira de là poche de son gilet un morceau de pain qu'il se mit à manger de bon appétit. Lorsqu'il fut remis de sa fatigue, il continua sa route aussi vite que les chemins le lui permirent dans le dessein d'arriver, avant le soleil couchant, chez un de ses oncles qui demeurait à Saint-Thomas, à sept lieues de là. Il pouvait être sept heures du soir lorsqu'il aperçut la fumée du toit hospitalier de Joseph Amand ; cette vue le fit sourire ; car il avait faim. — Bonjour, mon oncle, dit-il à un vieillard frais et rosé qui fumait sa pipe, assis sur le seuil de la porte.

— Tiens, c'est toi, Charles, rentre, mon garçon ; tu es le bienvenu ; tu arrives à propos ce soir ; les jeunes gens me présentent une grosse gerbe et nous allons avoir un divertissement ; tu ne seras pas de trop. D'où viens-tu ?

— De la ville, mon oncle.

— Ah ! Je suppose que tu es encore dans tes belles entreprises. Le mécontentement se peignit sur le visage d'Amand.

Le vieillard, s'en étant aperçu, ajouta : Allons, n'en parlons plus ;
puisque ça te fait de la peine. Je suis sûr que t'es fatigué, viens
prendre un coup. Ils avaient à peine fini leurs verres qu'ils
entendirent les chants des habitants qui revenaient du travail
après avoir terminé la moisson du bonhomme. Suivant le céré-
monial d'usage, le vieillard fut s'asseoir au fond de la chambre
dans un grand fauteuil placé pour l'occasion, et attendit, d'un
air joyeux et content, l'arrivée de ses enfants et de ses petits-
fils qui ne tardèrent pas à rentrer, en foule, précédés de l'aîné
de la famille qui tenait d'une main un faisceau de superbes
tiges de blé chargées de leurs épis et entourées d'une variété de
boucles de ruban ; et de l'autre côté, une carafe et un verre. Il
s'avança jusqu'au siège du maître de la maison, lui présenta la
gerbe, en lui souhaitant, chaque année de sa vie, une récolte
aussi abondante ; après quoi, il versa à boire à la compagnie.
Le vieillard le remercia d'une voix émue, et avala d'un seul
trait le verre qui lui était présenté. Le maître des cérémonies
versa alors à boire, à la ronde, à toute la compagnie qui passa
ensuite dans la pièce voisine, où un souper, composé de mouton, de laitage et de *crêpes au sucre*, était préparé. Si le Rapin[1]
qui imagina de faire dire à un gros Anglais, au pauvre qui lui
dit qu'il n'a pas mangé depuis la veille : « Goddam, le coquin,
il être bien heureux d'avoir faim », avait vu ces bonnes gens
manger, il aurait assurément transporté son milord goutteux
et envieux dans la salle du festin, et lui aurait fait dire au pluriel :
« Goddam, les coquins, ils être bien heureux d'avoir faim. »
Pour me servir de l'expression du vieillard qui présidait à la fête :
ils pouvaient manger, les pauvres gens ; ils ne volaient pas leur
nourriture. Le repas fini, la carafe d'eau-de-vie commença à
circuler, et le jeune homme qui avait présenté la gerbe demanda
à son père de leur chanter une chanson.

---

1. Il s'agit peut-être de Paul de RAPIN THOYRAS (1661-1725), historien
français, protestant chassé de France en Angleterre par la révocation de l'édit
de Nantes et qui a écrit ce qui fut pendant longtemps l'une des seules histoires
de l'Angleterre publiée en français.

— Assurément qu'oui, mes enfants ; je ne vous refuserai
pas cela aujourd'hui, et je vais vous en chanter une drôle aussi.
Et le vieillard commença aussitôt la chanson suivante :

> Il y a pas sept ans que je suis parti
> De la Nouvelle-France ;
> La nouvelle m'est arrivée,
>   Tra la la la,
> Que ma maîtresse était fiancée.

> J'ai pris mes bottes et mes éperons,
> Et ma cavale par la bride,
> Chez ma maîtresse je m'en suis allé,
>   Tra la la la,
> Pour voir si elle était fiancée.

> De tant loin qu'elle me vit venir
> Son petit cœur soupire ;
> — Qu'avez-vous donc belle à tant soupirer,
>   Tra la la la,
> Puisque vous êtes fiancée ?

> — Oui, fiancée je le suis,
> Maudite soit la journée :
> C'est dimanche mon premier ban
>   Tra la la la,
> Venez-y mettre empêchement.

> Le premier dimanche du mois,
> Le curé monte en chaire :
> — Écoutez-moi, petits et grands,
>   Tra la la la,
> Je vais vous publier un ban.

> Le beau galant qui était là,
> S'approche de la chaire.
> — Ah ! monsieur le curé, ne publiez pas ce ban,
>   Tra la la la,
> Je viens y mettre empêchement.

Il y a sept ans que je l'aimais,
Je l'aime bien encore.
— S'il y a sept ans que vous l'aimez,
        Tra la la la.
Il est bien juste que vous l'ayez.

Lorsque le vieillard eut terminé sa chanson, tous ses hôtes burent à sa santé. Il commençait à être tard et les jeunes filles désiraient beaucoup commencer la danse ; mais aucune d'elles ne savait comment s'y prendre pour faire sortir les hommes de table. Une des petites-filles du bonhomme s'en chargea :
— Grand-papa, dit-elle, veux-tu que je te chante une chanson, aussi, moi ?

— Sans doute, ma p'tite Élise ; voyons voir ce que tu vas nous chanter. Elle commença aussitôt *Le bon curé* de Béranger[1], et arrivée à ce couplet :

Et le soir, lorsque dans la plaine
Le hasard vous rassemblera,
Dansez gaîment sous un vieux chêne,
Et le bon Dieu vous bénira.

— N'est-ce pas, grand-papa, dit-elle, qu'on peut en faire autant ? c'est l'bon curé qui l'dit.

— Oui, oui, mes enfants. Dites, vous autres les voisins, que ça n'a pas d'esprit, c't enfant-là. Viens m'embrasser, Élise.

Aussitôt que les jeunes gens furent retirés dans l'appartement voisin pour se livrer à la danse, ceux qui restaient des convives s'approchèrent de la cheminée et une conversation animée s'engagea entre eux.

---

1. Pierre-Jean de BÉRANGER (1780-1857), chansonnier patriotique français.

CHAPITRE NEUVIÈME

L'homme de Labrador

(Légende canadienne)

> *Avaunt, and quit my sight! let the earth hide thee!*
> *Thy bones are marrowless, thy blood is cold,*
> *Thou hast no speculation in those eyes,*
> *Which thou dost glare with.*
> ....

> *What man dare, I dare:*
> *Approach thou like the rugged Russian bear,*
> *The arm'd rhinoceros, or Hyrcanian tyger,*
> *Take any shape but that, and my firm nerves*
> *Shall never tremble: or be alive again,*
> *And dare me to the desert with thy sword;*
> *If trembling I inhibit, then protest me*
> *The baby of a girl. Hence, terrible shadow!*
> *Unreal mock'ry hence!*
>
> SHAKESPEARE[1]

Parmi les nombreux personnages groupés autour de l'âtre brûlant de l'immense cheminée, était un vieillard qui paraissait accablé sous le poids des ans. Assis sur un banc très bas, il tenait un bâton à deux mains, sur lequel il appuyait sa tête chauve. Il n'était nullement nécessaire d'avoir remarqué la besace, près de lui, pour le classer parmi les mendiants. Autant qu'il était possible d'en juger dans cette attitude, cet homme devait être de la plus haute stature. Le maître du logis l'avait vainement sollicité de prendre place parmi les convives; il n'avait répondu à ses vives sollicitations que par un sourire amer et en montrant du doigt sa besace. C'est un homme qui fait quelques grandes pénitences, avait dit l'hôte en rentrant dans la chambre à souper, car malgré mes offres, il n'a voulu

---

1. *Macbeth*, acte III, scène IV.

manger que du pain. C'était donc avec un certain respect que l'on regardait ce vieillard qui semblait absorbé dans ses pensées. La conversation s'engagea néanmoins, et Amand eut soin de la faire tourner sur son sujet favori. Oui, messieurs, s'écriat-il, le génie et surtout les livres n'ont pas été donnés à l'homme inutilement ! avec les livres on peut évoquer les esprits de l'autre monde ; le diable même. Quelques incrédules secouèrent la tête, et le vieillard appuya fortement la sienne sur son bâton.

— Moi-même, reprit Amand, il y a environ six mois, j'ai vu le diable sous la forme d'un cochon.

Le mendiant fit un mouvement d'impatience et regarda tous les assistants.

— C'était donc un cochon, s'écria un jeune clerc notaire, bel esprit du lieu.

Le vieillard se redressa sur son banc, et l'indignation la plus marquée parut sur ses traits sévères.

— Allons, monsieur Amand, dit le jeune clerc notaire, il ne faudrait jamais avoir mis le nez dans la science pour ne pas savoir que toutes ces histoires d'apparitions ne sont que des contes que les grands-mères inventent pour endormir leurs petits-enfants.

Ici, le mendiant ne put se contenir davantage : — Et moi, monsieur, je vous dis qu'il y a des apparitions, des apparitions terribles, et j'ai lieu d'y croire, ajouta-t-il, en pressant fortement ses deux mains sur sa poitrine.

— À votre âge, père, les nerfs sont faibles, les facultés affaiblies, le manque d'éducation, que sais-je, répliqua l'érudit.

— À votre âge ! à votre âge ! répéta le mendiant, ils n'ont que ce mot dans la bouche. Mais, monsieur le notaire, à votre âge, moi, j'étais un homme ; oui, un homme. Regardez, dit-il, en se levant avec peine à l'aide de son bâton ; regardez, avec dédain même, si c'est votre bon plaisir, ce visage étique, ces yeux éteints, ces bras décharnés, tout ce corps amaigri ; eh bien, monsieur, à votre âge, des muscles d'acier faisaient mouvoir ce corps qui n'est plus aujourd'hui qu'un spectre ambulant. Quel homme osait alors, continua le vieillard avec énergie, se mesurer avec Rodrigue, surnommé bras-de-fer ? et quant à l'éducation, sans avoir mis, aussi souvent que vous, le nez dans la science, j'en avais assez pour exercer une profession honorable, si mes passions ne m'eussent aveuglé ; eh bien, monsieur, à vingt-cinq ans une vision terrible, et il y a de cela soixante ans passés, m'a mis dans l'état de marasme où vous me voyez. Mais, mon Dieu, s'écria le vieillard en levant vers le ciel ses deux mains décharnées : si vous m'avez permis de traîner une si longue existence, c'est que votre justice n'était pas satisfaite ! je n'avais pas expié mes crimes horribles ! Qu'ils puissent enfin s'effacer, et je croirai ma pénitence trop courte !

Le vieillard, épuisé par cet effort, se laissa tomber sur son siège, et des larmes coulèrent le long de ses joues étiques.

— Écoutez, père, dit l'hôte, je suis certain que monsieur n'a pas eu intention de vous faire de la peine.

— Non, certainement, dit le jeune clerc en tendant la main au vieillard, pardonnez-moi ; ce n'était qu'un badinage.

— Comment ne vous pardonnerais-je pas, dit le mendiant, moi qui ai tant besoin d'indulgence.

— Pour preuve de notre réconciliation, dit le jeune homme, racontez-nous, s'il vous plaît, votre histoire.

— J'y consens, dit le vieillard, puisque la morale qu'elle renferme peut vous être utile, et il commença ainsi son récit :

— À vingt ans j'étais un cloaque de tous les vices réunis : querelleur, batailleur, ivrogne, débauché, jureur et blasphémateur infâme. Mon père, après avoir tout tenté pour me corriger, me maudit, et mourut ensuite de chagrin. Me trouvant sans ressource après avoir dissipé mon patrimoine, je fus trop heureux de trouver du service comme simple engagé de la compagnie de Labrador. C'était au printemps de l'année 17 —, il pouvait être environ midi, nous descendions dans la goélette *La Catherine*, par une jolie brise ; j'étais assis sur la lisse du gaillard d'arrière, lorsque le capitaine assembla l'équipage et lui dit : ah ça, enfants, nous serons, sur les quatre heures, au poste du diable ; qui est celui d'entre vous qui y restera ? Tous les regards se tournèrent vers moi, et tous s'écrièrent unanimement : ce sera Rodrigue bras-de-fer. Je vis que c'était concerté ; je serrai les dents avec tant de force que je coupai en deux le manche d'acier de mon calumet, et frappant avec force sur la lisse, où j'étais assis, je répondis dans un accès de rage : oui, mes mille tonnerres, oui, ce sera moi ; car vous seriez trop lâches pour en faire autant ; je ne crains ni Dieu, ni diable, et quand Satan y viendrait je n'en aurais pas peur. Bravo ! s'écrièrent-ils tous. *Huzza* ! pour Rodrigue. Je voulus rire à ce compliment ; mais mon rire ne fut qu'une grimace affreuse, et mes dents s'entrechoquèrent comme dans un violent accès de fièvre. Chacun alors m'offrit un coup, et nous passâmes l'après-midi à boire. Ce poste de peu de consé-quence était toujours gardé, pendant trois mois, par un seul homme qui y faisait la chasse et la pêche, et quelque petit trafic avec les sauvages. C'était la terreur de tous les engagés, et tous ceux qui y étaient restés, avaient raconté des choses étranges de cette retraite solitaire ; de là, son nom de poste du diable — en sorte que depuis plusieurs années on était convenu de tirer au sort pour celui qui devait l'habiter. Les autres engagés qui connaissaient mon orgueil savaient bien qu'en me nommant unanimement, la honte m'empêcherait de refuser, et par là, ils s'exemptaient d'y rester eux-mêmes, et se débarrassaient d'un compagnon brutal, qu'ils redoutaient tous.

Vers les quatre heures, nous étions vis-à-vis du poste dont le nom me fait encore frémir, après un laps de soixante ans, et ce ne fut pas sans une grande émotion que j'entendis le cap-itaine donner l'ordre de préparer la chaloupe. Quatre de mes compagnons me mirent à terre avec mon coffre, mes provisions et une petite pacotille pour échanger avec les sauvages, et s'éloignèrent aussitôt de ce lieu maudit. Bon courage ! bon succès ! s'écrièrent-ils, d'un air moqueur, une fois éloignés du rivage. Que le diable vous emporte tous, mes... ! que j'accompa-gnai d'un juron épouvantable. Bon, me cria Joseph Pelchat, à

qui j'avais cassé deux côtes, six mois auparavant; bon, ton ami
le diable te rendra plus tôt visite qu'à nous. Rappelle-toi ce
que tu as dit. Ces paroles me firent mal. Tu fais le drôle, Pelchat,
lui criais-je; mais suis bien mon conseil, fais-toi tanner la peau
par les sauvages; car si tu me tombes sous la patte dans trois
mois, je te jure par... (autre exécrable juron), qu'il ne t'en restera
pas assez sur ta maudite carcasse pour raccommoder mes
souliers. Et quant à toi, me répondit Pelchat, le diable n'en
laissera pas assez sur la tienne pour en faire la babiche. Ma
rage était à son comble! Je saisis un caillou, que je lançai avec
tant de force et d'adresse, malgré l'éloignement de la terre,
qu'il frappa à la tête le malheureux Pelchat et l'étendit, sans connaissance, dans la chaloupe. Il l'a tué! s'écrièrent ses trois
autres compagnons, un seul lui portant secours tandis que les
deux autres faisaient force de rames pour aborder la goélette.
Je crus, en effet, l'avoir tué, et je ne cherchai qu'à me cacher dans
le bois, si la chaloupe revenait à terre; mais une demi-heure
après, qui me parut un siècle, je vis la goélette mettre toutes ses
voiles et disparaître. Pelchat n'en mourut pourtant pas subite-
ment, il languit pendant trois années, et rendit le dernier soupir
en pardonnant à son meurtrier. Puisse Dieu me pardonner,
au jour du jugement, comme ce bon jeune homme le fit alors.

Un peu rassuré par le départ de la goélette sur les suites
de ma brutalité, car je réfléchissais que si j'eusse tué ou blessé
Pelchat mortellement, on serait venu me saisir, je m'achemi-
nai vers ma nouvelle demeure. C'était une cabane d'environ
vingt pieds carrés, sans autre lumière qu'un carreau de vitre
au sud-ouest; deux petits tambours y étaient adossés, en sorte
que cette cabane avait trois portes. Quinze lits, ou plutôt gra-
bats, étaient rangés autour de la pièce principale. Je m'abstien-
drai de vous donner une description du reste; ça n'a aucun
rapport avec mon histoire.

J'avais bu beaucoup d'eau-de-vie pendant la journée, et
je continuai à boire pour m'étourdir sur ma triste situation;
en effet, j'étais seul sur une plage éloignée de toute habitation;
seul avec ma conscience! et, Dieu, quelle conscience! Je sen-

tais le bras puissant de ce même Dieu, que j'avais bravé et blasphémé tant de fois, s'appesantir sur moi; j'avais un poids énorme sur la poitrine. Les seules créatures vivantes, compagnons de ma sollicitude, étaient deux énormes chiens de Terre-Neuve: à peu près aussi féroces que leur maître. On m'avait laissé ces chiens pour faire la chasse aux ours rouges, très communs dans cet endroit.

Il pouvait être neuf heures du soir. J'avais soupé, je fumais ma pipe près de mon feu, et mes deux chiens dormaient à mes côtés; la nuit était sombre et silencieuse, lorsque, tout à coup, j'entendis un hurlement si aigre, si perçant, que mes cheveux se hérissèrent. Ce n'était pas le hurlement du chien ni celui plus affreux du loup; c'était quelque chose de satanique. Mes deux chiens y répondirent par des cris de douleur, comme si on leur eût brisé les os. J'hésitai; mais l'orgueil l'emportant, je sortis armé de mon fusil chargé à trois balles; mes deux chiens, si féroces, ne me suivirent qu'en tremblant. Tout était cependant retombé dans le silence et je me préparais déjà à rentrer lorsque je vis sortir du bois un homme suivi d'un énorme chien noir; cet homme était au-dessus de la moyenne taille et portait un chapeau immense, que je ne pourrais comparer qu'à une meule de moulin, et qui lui cachait entièrement le visage. Je l'appelai, je lui criai de s'arrêter; mais il passa, ou plutôt coula comme une ombre, et lui et son chien s'engloutirent dans le fleuve. Mes chiens tremblant de tous leurs membres s'étaient pressés contre moi et semblaient me demander protection.

Je rentrai dans ma cabane, saisi d'une frayeur mortelle; je fermai et barricadai mes trois portes avec ce que je pus me procurer de meubles; et ensuite mon premier mouvement fut de prier ce Dieu que j'avais tant offensé et lui demander pardon de mes crimes: mais l'orgueil l'emporta, et repoussant ce mouvement de la grâce, je me couchai, tout habillé, dans le douzième lit, et mes deux chiens se placèrent à mes côtés. J'y étais depuis environ une demi-heure lorsque j'entendis gratter sur ma cabane comme si des milliers de chats, ou autres animaux, s'y fussent cramponnés avec leurs griffes; en effet je vis descendre dans ma cheminée, et remonter avec une rapidité étonnante, une quantité innombrable de petits hommes hauts d'environ deux pieds; leurs têtes ressemblaient à celles des singes et étaient armées de longues cornes. Après m'avoir regardé, un instant, avec une expression maligne, ils remontaient la cheminée avec la vitesse de l'éclair, en jetant des éclats de rires diaboliques. Mon âme était si endurcie que ce terrible spectacle, loin de me faire rentrer en moi-même, me jeta dans un tel accès de rage que je mordais mes chiens pour les exciter, et que saisissant mon fusil je l'armai et tirai avec force la détente, sans réussir pourtant à faire partir le coup. Je faisais des efforts inutiles pour me lever, saisir un harpon et tomber sur les diablotins, lorsqu'un hurlement plus horrible que le premier me fixa à ma place. Les petits êtres disparurent, il se fit un grand silence, et j'entendis frapper deux coups à ma première porte; un troisième coup se fit entendre, et la porte, malgré mes précautions, s'ouvrit avec un fracas épouvantable. Une sueur froide coula sur tous mes membres, et pour la première fois depuis dix ans, je priai, je suppliai Dieu d'avoir pitié de moi. Un second hurlement m'annonça que mon ennemi se préparait à franchir la seconde porte, et au troisième coup, elle s'ouvrit comme la première, avec le même fracas. Ô mon Dieu! mon Dieu! m'écriai-je, sauvez-moi! sauvez-moi! Et la voix de Dieu grondait à mes oreilles, comme un tonnerre, et me répondait: non, malheureux, tu périras. Cependant un troisième hurlement se fit entendre et tout rentra dans le silence; ce silence dura une dizaine de minutes. Mon cœur battait à coups redoublés; il me semblait que ma tête s'ouvrait et que ma cervelle s'en échappait goutte à goutte; mes membres se crispaient et lorsqu'au troisième coup, la porte vola en éclats sur mon plancher, je restai comme anéanti. L'être fantastique que j'avais vu passer entra alors avec son chien et ils se placèrent vis-à-vis de la cheminée. Un reste de flamme qui y brillait s'éteignit aussitôt et je demeurai dans une obscurité parfaite.

Ce fut alors que je priai avec ardeur et fis vœu à la bonne sainte Anne que, si elle me délivrait, j'irais de porte en porte, mendiant mon pain le reste de mes jours. Je fus distrait de ma prière par une lumière soudaine; le spectre s'était tourné de mon côté, avait relevé son immense chapeau, et deux yeux énormes, brillants comme des flambeaux, éclairèrent cette scène d'horreur. Ce fut alors que je pus contempler cette figure satanique : un nez lui couvrait la lèvre supérieure, quoique son immense bouche s'étendît d'une oreille à l'autre, lesquelles oreilles lui tombaient sur les épaules comme celles d'un lévrier. Deux rangées de dents noires comme du fer et sortant presque horizontalement de sa bouche se choquaient avec un fracas horrible. Il porta son regard farouche de tous côtés et, s'avançant lentement, il promena sa main décharnée et armée de griffes sur toute l'étendue du premier lit; du premier lit il passa au second, et ainsi de suite jusqu'au onzième, où il s'arrêta quelque temps. Et moi, malheureux ! je calculais, pendant ce temps-là, combien de lits me séparaient de sa griffe infernale. Je ne priais plus; je n'en avais pas la force; ma langue desséchée était collée à mon palais et les battements de mon cœur, que la crainte me faisait supprimer, interrompaient seuls le silence qui régnait, autour de moi dans cette nuit funeste. Je le vis étendre la main sur moi; alors, rassemblant toutes mes forces, et par un mouvement convulsif, je me trouvai debout, et face à face avec le fantôme dont l'haleine enflammée me brûlait le visage. Fantôme ! lui criai-je, si tu es de la part de Dieu, demeure, mais si tu viens de la part du diable je t'adjure, au nom du Père, du Fils et du Saint-Esprit, de t'éloigner de ces lieux. Satan, car c'était lui, messieurs, je ne puis en douter, jeta un cri affreux, et son chien, un hurlement qui fit trembler ma cabane comme l'aurait fait une secousse de tremblement de terre. Tout disparut alors, et les trois portes se refermèrent avec un fracas horrible. Je retombai sur mon grabat, mes deux chiens m'étourdirent de leurs aboiements, pendant une partie de la nuit, et ne pouvant enfin résister à tant d'émotions cruelles, je perdis connaissance. Je ne sais combien dura cet état de syncope ; mais lorsque je recouvrai l'usage de mes sens, j'étais étendu sur le plancher, me mourant de faim et de soif. Mes deux chiens avaient aussi beaucoup souffert ; car ils avaient mangé mes souliers, mes raquettes et tout ce qu'il y avait de cuir dans la cabane. Ce fut avec beaucoup de peine que je me remis assez de ce terrible choc pour me traîner hors de mon logis, et lorsque mes compagnons revinrent, au bout de trois mois, ils eurent de la peine à me reconnaître : j'étais ce spectre vivant que vous voyez devant vous.

— Mais, mon vieux, dit l'incorrigible clerc notaire.

— Mais... mais... que... te serre.... dit le colérique vieillard, en relevant sa besace ; et malgré les instances du maître, il s'éloigna en grommelant.

— Eh bien, monsieur le notaire, dit Amand d'un air de triomphe, qu'avez-vous à répondre, maintenant ?

— Il me semble, dit l'étudiant, esprit fort, que le mendiant nous en a assez dit pour expliquer la vision d'une manière très naturelle ; il était ivrogne d'habitude, il avait beaucoup bu ce jour-là ; sa conscience lui reprochait un meurtre atroce. Il eut un affreux cauchemar, suivi d'une fièvre au cerveau causée par l'irritation du système nerveux et... et...

— Et c'est ce qui fait que votre fille est muette[1], dit Amand impatienté.

---

1. Amand répond ici par une réplique empruntée à VOLTAIRE dans *Questions sur les miracles* (1765).

CHAPITRE DIXIÈME

La caverne
du Cap-au-Corbeau

Quels sont ces monts hardis, ces roches inconnues,
Leur pied se perd sous l'onde et leur front dans les nues.

CASIMIR DELAVIGNE[1]

Au milieu s'élevait un rocher d'où tombait,
goutte à goutte, une eau noirâtre,
et le bruit faible et sourd
des gouttes qui tombaient
était le seul bruit qu'on entendait.

LAMENNAIS[2]

Le rusé Dousterswivel de Sir Walter Scott[3] cherchait ses trésors dans les ruines des monastères ; mais notre héros avait des idées toutes différentes : c'était sur les rives des lacs, dans les cavernes les plus sombres et au fond de la mer que se portaient toutes ses espérances. Sans avoir lu les ouvrages de M. Galland et de M. Petit de Lacroix[4], son imagination transformait en palais de porphyre, à créneaux d'or, la demeure des reptiles les plus immondes. Un serpent était pour lui le génie qui gardait un trésor enfoui. Arrivé chez lui, tout fut bientôt préparé, et dès le lendemain il devait traverser le fleuve pour se rendre à la caverne du Cap-au-Corbeau. Celui qui l'eût vu la veille de

---

1. Poète français (1793-1843), *Les Messéniennes* (œuvre publiée de 1818 à 1835).
2. Voir note 1, page 9.
3. Écrivain anglais (1771-1832). Dousterwivel est un personnage de *L'Antiquaire* (1816).
4. Antoine GALLAND (1646-1715) a traduit en français les *Contes des mille et une nuits* (1704). François PETIS de La CROIX (1653-1713) a traduit *Mille et un jours, contes persans, turcs et chinois* (1712). À noter l'erreur dans l'orthographe du nom de ce dernier auteur commise par AUBERT de GASPÉ fils.

son départ se promener, à grand pas, près de sa demeure, aurait
pu s'écrier avec le poète :

> Ah qui plaindra jamais cet ennui dévorant,
> Les extases d'espoir, les fureurs solitaires,
> D'un grand homme ignoré qui lui seul se comprend.

CASIMIR DELAVIGNE[1]

Il l'avait conçu, lui, cette idée, avant le poète, et que de
consolations ne lui donnait-elle pas au milieu d'un monde
railleur et méprisant. La nécessité, le malheur l'avaient rendu
morose. Il répondait un jour, avec une amère ironie, à un sar-
casme qui lui était adressé : « Continuez, continuez, le mépris
vaut mieux que la pitié au malheur qu'on ne soulage pas. »
Sheridan Knowles[2] sentait-il, comme lui, la force de cette vérité
lorsqu'il a fait dire à saint Pierre :

> *Nay cuff again, that they may fall the heaven*
> *Satisfied that he who does brain thee, Poverty,*
> *Does thee a thousand times the good he does the ill.*

The wife.

Quelles pouvaient être les pensées qui l'occupaient dans
ce moment ? Il songeait à son élévation future ; car il n'avait plus
un doute. Tout dépendait de lui seul maintenant ! Il y avait près
d'une heure qu'il était enseveli dans ses rêveries, lorsqu'un
homme sortit, tout à coup, du bois qui entourait sa chaumière
et lui frappa sur l'épaule. Le nouvel arrivé était d'une taille
médiocre, mais assez bien proportionnée ; sa figure ouverte
annonçait une assurance ferme en ses propres forces, son
visage n'avait rien de repoussant, mais sa bouche était loin
de l'embellir. Le dix-neuvième siècle est convenu d'appeler
monstre tout ce qui est extraordinaire, et les écrivains de ce
siècle fécond se servent toujours du mot type ; or cette bouche
était une bouche monstre : le type de toutes les bouches monstres.

---

1. Voir note 1, page 71.
2. James Sheridan KNOWLES (1784-1862), dramaturge et acteur irlandais.
   The wife. A tale of Mantua (1833) est une pièce en cinq actes.

Ceux qui en doutent peuvent en voir la dimension au presby-tère de Saint-Jean-Port-Joli; car moyennant un minot de pois, il a consenti à la laisser mesurer, au compas, et le rayon en est encore marqué sur la porte. Passons à ses qualités intellectuelles: il savait à peine lire, ce qui ne l'empêchait pas d'avoir la modes-tie de se croire un homme des plus scientifiques et de trancher toutes les questions qu'on lui présentait, sans difficulté. Amand seul avait su lui en imposer; parce qu'il savait des mots plus longs et plus difficiles à prononcer que lui. Notre héros s'était trouvé dans la nécessité de lui confier son secret; car ne pou-vant conduire une chaloupe, il lui fallait quelqu'un pour le traverser à la côte nord-ouest du fleuve. Il lui avait donc expliqué le but de son voyage à la capitale, et lui avait fait pro-mettre de l'accompagner à son retour.

— Eh bien, Amand, dit-il en l'abordant, as-tu tout ce qu'il te faut?

— Chut, Capistrau, parle plus bas; je ne t'ai pas vu dans le bois; d'autres pourraient bien nous entendre à notre insu. Rentrons.

— Partons-nous demain?

— Sans doute; où est la chaloupe?

— Je l'ai laissée dans l'anse, prête à faire voile quand tu voudras.

— Allons, c'est bien, demain, à la marée montante, si le vent est bon.

— Dans ce cas-là, dit le Capistrau, je vais me jeter sur ton lit, car je suis fatigué.

— Moi aussi, dit Amand; j'ai fait sept lieues aujourd'hui.

Sans aucun autre préparatif, les amis se jetèrent sur le mau-vais grabat, et le sommeil ne tarda pas à clore leurs paupières.

Le lendemain, vers les six heures du matin, deux hommes étaient occupés à mettre une embarcation à l'eau, dans l'anse aux Pierre-Jean, et une demi-heure après, la chaloupe, couverte de toutes ses voiles, filait huit nœuds à l'heure vers la côte du nord. Vers une heure, nos deux aventuriers distinguèrent,

près de la Baie-Saint-Paul, le Cap-au-Corbeau. Ce cap a quelque
chose de majestueux et de lugubre. À quelque distance on le
prendrait pour un de ces immenses tombeaux jetés au milieu
des déserts de l'Égypte par la folle vanité de quelque chétif
mortel. Une nuée d'oiseaux, enfants des tempêtes, voltigent
continuellement autour de son front couronné de sapins et
semblent, par leur croassement sinistre, entonner le glas funèbre
de quelque mourant. Le fleuve s'engloutit avec fracas dans sa
base en forme de caverne, où la voix de l'homme n'a jamais
retenti. Or, c'était dans cette caverne qu'Amand voulait pénétrer.
Il aurait bien voulu porter immédiatement vers cet endroit ;
mais son compagnon, plus prudent, s'efforça de l'en dissuader,
en lui persuadant qu'ils feraient mieux de mettre à terre le
long de la côte, et de se rendre à pied jusqu'à la caverne pour
la visiter avant la nuit. Il lui raconta, en outre, plusieurs vieilles
légendes touchant certains vaisseaux qui, conduits par des
pilotes imprudents, s'étaient engouffrés, à pleine voile, sous
son immense voûte, et n'avaient jamais reparu. Amand était
si confiant dans les précieux talismans qu'il portait sur lui qu'il
ne voulait rien entendre ; mais il fut obligé de céder son compagnon qui était pour le moins aussi entêté que lui et qui s'obsti-
nait à faire route vers la côte voisine. Trois quarts d'heures après,
ils abattaient leurs voiles et jetaient l'ancre à deux brasses sur
un bon fond de sable. Aussitôt que notre héros impatient eut
mis pied à terre, il s'achemina immédiatement vers le cap qui
pouvait être à une demi-lieue de distance. Capistrau, après
avoir mis tout en ordre dans la chaloupe, hâta le pas pour le
rejoindre, si bien qu'ils arrivèrent ensemble, après dix minutes
de marche, au lieu tant désiré. Il était impossible de parvenir
à la caverne, de ce côté, sans monter à une hauteur de quatre
cents pieds par un sentier rude et tortueux tracé sur le flanc
de la montagne par les voyageurs curieux qui visitent souvent
cette curiosité naturelle. Après bien des peines et des sueurs,
nos deux aventuriers parvinrent au sommet, presque exténués ;
mais l'épuisement physique ne fut rien comparé à la consternation qui s'empara du cœur de notre héros lorsqu'il découvrit qu'il était impossible d'arriver à l'ouverture autrement

que par le fleuve et qu'il vit le courant impétueux qui, semblable à une chute, s'y précipitait avec fracas. Il jeta un regard douloureux sur son compagnon et soupira en se croisant les bras. Capistrau prit la parole : — Tiens, Amand, dit-il, tu dois être persuadé qu'il est impossible de rentrer là-dedans ; quant à moi, je n'y ai jamais eu de confiance ; crois-m'en, nous ferons mieux de chercher ailleurs, aussi bien, je me rappelle d'avoir entendu dire à mon grand-père qu'un seigneur qui passait pour très riche était mort dans cette paroisse et que, malgré toutes les recherches qu'on a pu faire, on n'a jamais trouvé un sol chez lui ; et beaucoup de personnes ont dit qu'il avait coutume d'enterrer son argent dans le bois qui avoisinait son domaine. Si tu veux m'en croire, nous allons nous rendre aux maisons pour nous reposer, en attendant la nuit, et vers minuit nous irons faire une recherche. Pour que personne ne se doute de nous, nous dirons que nous voulons coucher dans la chaloupe où nous retournerons après la veillée.

— C'est bon, je le veux bien ; car je dirai la vérité, je crois que l'embarras ne serait pas de rentrer dans ce trou-là, mais plutôt d'en sortir, dit notre héros, qui avait toujours eu la vue attachée sur le gouffre pendant le discours de son compagnon. Ils commencèrent à descendre, aussitôt, le flanc de la montagne et dirigèrent leurs pas vers les maisons situées sur le haut des coteaux voisins.

Leur préoccupation et une touffe de saules les avaient empêchés de distinguer deux jeunes étudiants étendus sur l'herbe près de là. Aussitôt qu'ils furent éloignés, l'un d'eux dit à l'autre : — Que le diable m'emporte, Théodore, je crois que ces deux corps-là cherchent des trésors : si tu veux dire comme moi, nous allons leur en faire trouver un, ce soir ?

— Comment ?

— Ne dis rien, promets-moi seulement de faire tout ce que je voudrai, et tu verras comme nous allons rire.

— Allons, je le veux bien ; explique-moi ce que nous allons faire ?

— Écoute, il n'y a qu'une chose qui m'embarrasse, savoir :
s'ils vont se servir d'une chandelle dite magique. S'ils le font,
la seule difficulté serait de la faire éteindre à l'endroit propice.
Je crois que j'en viendrai à bout avec ma canne à air. Suis-moi,
nous allons aller les sonder un peu, après quoi nous prépa-
rerons ce qui est nécessaire. Une bonne chose, c'est que nous
savons où doit se faire la cérémonie — allons, viens. Et les
deux étudiants suivirent de loin les traces de notre héros, et arrivèrent chez eux quelques minutes après lui. Tous leurs efforts
furent inutiles pour tirer, comme ils le disaient, les vers du nez
des deux magiciens. Ils résolurent néanmoins d'essayer à tout
risque, et se séparèrent pour faire les apprêts nécessaires.

Vers les neuf heures du soir, comme ils en étaient conve-
nus, les deux étrangers se retirèrent, sous prétexte de garder leur
chaloupe pendant la nuit ; Charles, surtout, attendait avec
impatience. Enfin, l'heure arriva, et ils s'acheminèrent vers le
bosquet. Tirer un briquet et allumer la chandelle fut l'affaire
d'un moment, et ils commencèrent tous deux une marche lente
et majestueuse. Après plusieurs détours, ils arrivèrent près de
l'endroit où étaient cachés les deux jeunes gens. Adolphe tira
aussitôt son coup, l'air passa près du visage d'Amand, mais
n'éteignit pas la lumière. Ce dernier tressaillit : — Bonne place,
dit-il à son compagnon : cherchons. Un second coup de la
canne eut plus d'effet, ils se trouvèrent dans les ténèbres. Le
héros eut immédiatement recours, de nouveau, au briquet,
alluma une autre chandelle et se mit aussitôt en besogne. Qui
pourrait peindre sa joie lorsque d'un coup de sa bêche il
frappa le haut d'un baril ; il ne put prononcer que ces mots :
— Capistrau, notre fortune est faite : travaillons, mon garçon.
Ils le tirèrent avec peine, et regagnèrent, en grande hâte, l'embarcation. Le précieux fardeau n'y fut pas plutôt déposé
qu'Amand, armé d'une hache, en fit sauter le couvert. Il resta
stupéfait et laissa tomber l'instrument ; quant à son compagnon,
qui avait plus de sang-froid, il se hâta de faire sauter le contenu
et le contenant par-dessus le bord.

Ah ! les mauvais plaisants !

CHAPITRE ONZIÈME

La tempête

O'er the glad waters of the dark blue sea
Our thoughts as boundless and out souls as free,
Oh! who can tell, not thou luxurioux slave
Whose souls would sucken o'er the heaving wave.

BYRON[1]

Sur l'océan, sur l'océan.

Le pirate[2]

Le vent soufflait avec violence du nord-est, et la mer était houleuse dans le golfe Saint-Laurent; tous les vaisseaux qui avaient pu se réfugier dans quelque havre y étaient à l'abri. Deux goélettes seules louvoyaient, avec toutes leurs voiles hautes: la Sirène et le King Fisher; c'est que, voyez-vous, cette dernière avait de bonnes raisons, à elle connues, pour donner la chasse à l'autre, et la Sirène croyait qu'il était fort de ses intérêts de s'exempter de la visite de la première. Or, la Sirène était à une demi-lieue, à peu près, de la côte du Nord lorsque le capitaine qui se tenait près du timonier s'écria, de toute la force de sa voix: «*About ship boys — Hardlee — Tacks and sheets — Main saïl haul — let go and haul*», et la goélette, vive comme un poisson volant, décrivait un demi-cercle avec une telle rapidité qu'elle présenta toute sa quille hors de l'eau. Dès qu'elle se fut redressée sur elle-même et reprit son élan, le capitaine regarda l'autre en murmurant entre ses dents: — Tu ne passeras pas au vent à ce coup-ci, ma mignonne, et puis à l'autre bordée il fera noir; ainsi, adieu mademoiselle, votre serviteur; pas pour ce coup-ci, s'il vous plaît.

---

1. Lord BYRON, *Corsair's song*, extrait du récit *The corsair* (1814).
2. AUBERT de GASPÉ fils a traduit ici en français un vers du *Corsair's song*.

La Sirène était commandée par le capitaine Clenricard, véritable type de la pensée de l'auteur du *Corsaire* :

> *He knew himself a villain — but he deem'd*
> *The rest no better than the thing he seem'd.*
>
> BYRON[1]

Il était d'une haute stature, et avait quelque chose de repoussant et de féroce dans les traits ; ses immenses sourcils croisés, au-dessus de son nez aquilin, le faisaient paraître comme constamment occupé d'une arrière-pensée. Il n'avait rien, en outre, de ressemblant à Conrad[2], si ce n'est que, comme lui, il savait qu'il était un *scélérat*, si ce mot peut rendre l'expression du poète britannique. C'était plutôt le Vautrin de Balzac[3] sur mer, calculant tout l'or qu'il pourrait retirer des infortunes de ses semblables. Il était placé sur l'île d'Anticoste pour prêter secours aux malheureux naufragés — ses secours, à lui, c'était le pillage ; et malheur à ceux que le destin jetait sur cette plage. Il faisait aussi la contrebande, et était chargé de pelleteries au temps où nous parlons. Le King Fisher, qui s'en doutait depuis longtemps, avait enfin réussi à acquérir la certitude que, dans le moment même, il faisait voile vers Québec avec une riche cargaison. Or, Clenricard ne se fut pas plus tôt aperçu que la goélette du gouvernement portait sur lui qu'il rebroussa chemin, et chercha son salut dans la fuite.

— Il faut ôter la voile de fortune immédiatement, Michel, dit-il, car nous forçons trop à la mer.

— Oui, capitaine.

— Viens prendre la barre quand ce sera fait, car j'ai froid ; il faut que je descende un peu dans la chambre.

---

1. Voir note 1, page 77.

2. Héros du *Corsair* de BYRON.

3. Honoré de BALZAC (1799-1850), romancier français, a créé le personnage de Vautrin, un ancien forçat et chef de pègre, qu'on trouve dans *Le père Goriot* (1835).

À peine était-il descendu, et avait-il avalé un verre de rhum de la Jamaïque, qu'il sentit la goélette bondir sur elle-même et entendit un bruit semblable à la détonation d'un coup de canon : d'un saut il se trouva au haut de l'escalier de la chambre. — Filez les écoutes de la grande voile et de la misaine, — s'écria-t-il d'une voix terrible, — deux hommes au hunier, — et il remonta aussitôt sur le pont. Le vent avait changé tout à coup et, frappant avec force contre la voile du hunier, l'avait fendue en deux ; ce qui avait causé le bruit qu'il avait entendu. Dès que la manœuvre qu'il avait commandée fut exécutée, l'ordre se rétablit sur la Sirène qui filait alors dix nœuds, vent arrière. Un sourire inexprimable erra, quelques instants, sur les lèvres de Clenricard qui, tenant sa lunette d'approche appuyée sur l'étai du grand mât, regardait le King Fisher, dont le mât de hune était renversé sur le tillac : — Crois-tu, Michel, que c'est dommage pour nos amis de là-bas. Ce petit accident va les retarder un peu.

— Oui, capitaine, et je ne crois pas qu'ils nous retrouvent demain, la nuit commence déjà à tomber.

— C'est bon, dès que nous les aurons perdus de vue, tu feras allumer un fanal au beaupré et tu fileras ainsi trois quarts d'heure, après quoi tu le feras éteindre, et tu piqueras ensuite sur la côte du Sud : ces messieurs sont de fin matois ; mais il faudra pourtant qu'ils avalent celle-là ; quant à moi, il faut que j'aille me coucher. Tu te feras relever par Benjamin aussitôt que tu auras dirigé ta course à l'est.

— C'est bien, capitaine.

Vers les neuf heures du soir la tempête devint horrible ; il ne restait plus que *l'empointure* d'une seule voile ; et, néanmoins la goélette menaçait à chaque instant de s'engloutir. Deux hommes étaient attachés au gouvernail et pouvaient à peine la faire gouverner. Tous les panneaux étaient cloués, chaque vague balayait le pont de toute sa longueur et, sans les cordages auxquels les matelots étaient attachés, les aurait infailliblement engloutis.

— Tords mon âme au bout d'un piquet, mes enfants, dit le capitaine, si nous avons échappé à ces marauds-là ; je ne crois pas que nous évitions ce petit grelin-ci. Tenons ferme toujours ; que nous n'ayons pas de reproches à nous faire : s'il faut que nous allions au diable, tant pis ; mais que ce ne soit pas de notre faute.

Sur les trois heures du matin, le vent calma, et la goélette put reprendre sa route ; le King Fisher n'était plus visible sur l'horizon. Ils avaient à peine fait sept à huit milles, lorsque le capitaine aperçut un point noir à quelque distance de lui, il dirigea sa lunette sur cet endroit.

— Gouverne là-dessus, Michel, dit-il aussitôt, il y a un individu là-bas qui n'est pas trop à son aise. En peu de temps la goélette y fut rendue et un câble fut jeté à un malheureux qui grelottait de froid sur la quille d'une chaloupe. Il ne fut pas plutôt à bord qu'il demanda un coup à boire.

— Ce n'est pas l'embarras, mon brave, dit Clenricard, on en prendrait à moins. — Benjamin, apporte une tasse et une bouteille ici — Comment vous appelez-vous ?

— Je m'appelle Amand, dit le nouvel arrivé, aussitôt qu'il eut bu, et je vous assure que j'ai passé une nuit *chenue*.

— Étiez-vous seul ?

— Non, j'avais un ami avec moi, mais son biscuit est fait à lui.

— D'où étiez-vous partis ?

— De la Baie-Saint-Paul, quand le vent de sud-ouest a pris, nous n'avons pu tenir auprès du vent, et nous avons été obligés de faire vent largue. Nous allions d'un train du diable, quand tout d'un coup, nous avons fait un saut en l'air, puis flan, renversé. — Je crois que nous avons passé sur quelque morceau de bois ; quant à mon ami, je ne l'ai pas revu. En chavirant, par bonheur, j'ai attrapé une écoute, à l'aide de laquelle j'ai remonté sur la chaloupe.

— Il va falloir que vous veniez jusqu'à l'île d'Anticoste avec moi.

— Tant mieux, dit notre héros, car c'était lui, ça s'adonne bien, car j'y ai affaire — sommes-nous loin ?

— Un peu, vous avez le temps de faire sécher vos habits avant que nous arrivions, dit le capitaine en riant, descendez toujours dans la chambre, il y a du feu.

Malgré tous les efforts de Clenricard, Amand ne voulut jamais ôter ses habits pour les faire sécher ; il craignait qu'on ne s'aperçût de sa main-de-gloire qu'il portait attachée sur sa poitrine, et à laquelle il croyait devoir son salut dans cette occasion.

Huit jours après ils étaient arrivés au port, et notre héros fut mis à terre, sans un seul sol dans sa poche, dans une île presque déserte. Dès que Clenricard sut qu'il était ouvrier, il lui proposa de l'employer, ce qu'il fut obligé d'accepter, quoiqu'il eût préféré s'occuper de ses recherches chéries ; mais la nécessité l'y força, car il lui eût été difficile de vivre dans cet endroit, sans travailler. Il y resta cinq années, faisant le moins d'ouvrage qu'il pouvait, et passant le reste de son temps à faire des recherches près des rochers où il croyait qu'il avait péri quelques vaisseaux. Ses perquisitions ne furent pas inutiles, un jour il trouva, à trois brasses d'eau, une petite caisse qu'il retira, avec des peines infinies ; en l'ouvrant, il y trouva cinq cents piastres qu'il enterra promptement dans le sable ; car il savait bien que si son patron la découvrait jamais, sa portion serait petite. Depuis ce temps, il s'occupa sans cesse à chercher les moyens de s'échapper de l'île ; ce qui n'était pas très facile, car Clenricard qui avait intérêt à l'y garder ne lui laissait pas grande liberté. Enfin, après mille difficultés, il réussit à s'embarquer avec son trésor dans une barge qui revenait de la pêche à la morue, et il se trouva de nouveau libre, et plein d'espérances de se rendre chez lui.

CHAPITRE DOUZIÈME

Un jeune médecin

JAF *I'm thinking, Pierre how that damn'd starving quality,*
Call'd honesty, got footing in the world.

PIERRE *Why, powerful villainy first set it up,*
For its own ease and safety. Honest men
Are the soft easy cushions on which knaves
Repose and fatten.

OTWAY[1]

Oh ! la jolie chambre que celle d'un étudiant, surtout s'il a les moyens de la meubler à son goût. Un tapis élégant, un sofa, quelques chaises, une table, une bibliothèque en acajou, un grand fauteuil, une lampe de nuit, un lit de camp, avec deux rideaux attachés à une flèche au haut, qui lui donnent un air tout à fait oriental, un feu de grille, car l'étudiant n'aime pas le poêle, il n'y a rien de poétique dans un poêle, et une armoire, voilà de quoi le rendre heureux. C'était par une belle matinée d'avril, Saint-Céran était admis à pratiquer la médecine depuis six mois ; or, ce jour-là, il avait approché son sofa de la grille et, mollement étendu auprès du feu, un livre d'une main et un cigare de l'autre, il se reposait des fatigues d'un grand bal, où il avait passé la nuit la veille, tantôt lisant, tantôt se parlant à lui-même.

« Oh ! ruines ! je retournerai vers vous prendre vos leçons ! je me replacerai dans la paix de vos solitudes, et là, éloigné du spectacle affligeant des passions, j'aimerai les hommes sur des souvenirs ; je m'occuperai de leur bonheur, et le mien se composera de l'idée de l'avoir hâté[2]. »

---

1. Thomas OTWAY (1652-1685), dramaturge anglais, a écrit *Venice preserv'd* (1682) ; la citation est tirée de l'acte I. Cette pièce était considérée comme un incontournable du répertoire britannique jusqu'au XIXe siècle.

2. Voir note 1, page 3.

Vous auriez fait là une fameuse sottise M. le comte de Chassebœuf, dit-il en jetant le livre sur la table qui était près de lui, car outre qu'il faut avoir l'imagination bien disposée pour aimer les hommes sur des souvenirs, je crois qu'il est à peu près inutile de s'occuper de leur bonheur comme vous l'entendez. — C'est dommage, il est pourtant gentil le monde. Qui aurait pu croire que moi qui ne valais rien, il y a quatre ou cinq ans, je suis si charmant à présent? — Mais c'est connu, et il se mit à chanter:

> Autrefois Jean n'avait rien,
> On disait, c'est un vaurien;
> Mais, depuis son héritage,
> On dit, c'est un garçon sage.

C'est vrai, vingt à trente visites par jour, c'est bien commencer, et déjà ma grosse écriture est bonne à figurer dans l'album d'Hortense[1]. — Elle n'a pourtant pas changé depuis deux ans; non, c'est moi qui ai changé. C'est tout naturel, un jeune homme sans avenir, ça ne doit pas avoir de sentiment, aussi la visite finie — crac, la page au feu. Ce n'est pas le plus drôle; ce qui m'amuse le plus, c'est que, dans ce temps-là, je ne m'y attendais pas. — Après tout, c'est désespérant de voir qu'il faille tout apprendre par la pratique. — Ce pauvre Dimitry, s'il savait comment sa jolie note et son panier à ouvrage ont été reçus hier. — Il serait assez fou de se mettre en colère — c'était pourtant aimable, ce billet.

— Mademoiselle, pardonnez-moi de différer une seule fois d'opinion avec vous. Vous m'avez dit, hier, au bazar, que si je gagnais le panier qui accompagne ce billet, de le donner à la plus laide; je ne veux pas suivre votre avis, je l'offre à la plus belle, et j'espère que vous voudrez bien l'accepter.

Tout à vous,
Dimitry.

---

1. Il s'agit peut-être de l'*Album d'Hortence Bonaparte*, une curiosité de l'art français qui contient des dessins et des aquarelles des peintres et des écrivains français.

Ce tout à vous est charmant, a dit cette chère Adeline. Grand merci du présent, monsieur, je renoncerais à tout plutôt. Mais elle a gardé le panier — c'est dans les convenances. — Je parie qu'il y rêve encore à cette heure ; je le désabuserai. Comme dit Eugène Sue[1] : — Encore un qui verra vrai.

Puis, ce farceur de Rogers qui va demander à Julia de danser avec lui, j'aurais cru qu'il y a assez longtemps qu'il est dans le monde pour savoir que madame appartient exclusivement à la quadrille militaire. Était-elle touchante avec son : je suis fâchée, monsieur, mais je suis engagée pour cette danse — puis lui — à la prochaine donc, madame — Engagée — À la troisième s'il vous plaît — à ce coup-là, il l'a eu au moins. Quel air de charmante indifférence ! — Je crains que *je suis* trop *profondément* engagée pour danser avec vous ce soir. — Il faut être philosophe comme lui pour lui avoir souri, après toutes ces réponses si élégantes. On voit bien que Lucas ne connaissait pas la société, lorsqu'il appelle Sganarelle[2] le docteur des perroquets, parce qu'il portait un habit jaune et vert ; il aurait dû l'appeler le médecin des dames. — Brown était admirable, avec sa voix de stentor, quand il expliquait à Armenia ce qu'il ferait s'il était à la tête du pouvoir. — En effet quelle jolie phrase : — Si j'étais gouverneur en chef des provinces du Haut et du Bas-Canada, et commandant de toutes les forces de Sa Majesté, je réserverais l'*Esplanade* exclusivement pour le militaire et pour les dames. Bertaud[3] avait bien raison de dire :

> *Quand au sein du vieux monde éclôt une autre idée,*
> *Il faut un prêtre fort pour la prendre en sa main,*
> *Et l'épandre en rosée au cœur du genre humain.*

— Diable, qui va là ? entrez, dit-il, à quelqu'un qui frappait à la porte.

---

1. Romancier français (1804-1857). AUBERT de GASPÉ fils n'a cependant pas pu connaître son œuvre la plus célèbre, *Les mystères de Paris*, publiée en 1842 et 1843 en 10 volumes.

2. Personnage récurrent de MOLIÈRE (1622-1673) qui apparaît comme médecin dans *Le médecin malgré lui* (1666).

3. Voir note 1, page 20.

— Tiens, Dimitry, je pensais à toi — tu arrives à propos ; prends un cigare, et jette-toi dans ce fauteuil.

— J'ai fait furieusement le galant hier, Saint-Céran.

— Pas possible — tu badines ?

— Parole d'honneur. J'ai envoyé un joli panier à Adeline.

— Elle n'a pas voulu accepter.

— Quoi, le panier ?

— Non, le tout à vous.

— Que diable veux-tu dire ?

— Mademoiselle, permettez-moi de différer une seule fois d'opinion avec vous, etc.

— Ah ! ça, Saint-Céran, dit Dimitry en rougissant, où as-tu pris cela ?

— J'y étais, mon cher, elle s'est moquée de toi.

— Merci, je m'en vengerai. Oh ! la scélérate !

— Voyons, Dimitry, ne fais donc pas le petit Mayeux[1].

— Adieu, femmes perfides et trompeuses ! jamais, non jamais.

— Grâce, grâce, Dimitry, je t'en prie, pas de pathétique sur un sujet aussi ridicule. Si tu veux que je t'écoute, donne-moi du Brutus[2] — pas de Zaïre[3] pour aujourd'hui, as-tu jamais lu *Venise sauvée*[4] ? — Non — Eh bien, lis cet ouvrage, si tu veux désormais connaître la société. C'était le livre de Trompe-la-mort[5] ; à cause de l'amitié qui existe entre Pierre et Jaffier. Moi, j'y admire les idées si justes du premier sur le monde.

---

1. Mayeux est un personnage de bossu vaniteux qu'on trouve sous la plume d'un dessinateur (C.-J. Traviès des Villers) et sur lequel BALZAC a écrit des articles dans la revue *La Caricature* vers 1832.

2. Personnage littéraire fondé sur un personnage historique, qui apparaît dans plusieurs œuvres, notamment dans *Julius Caesar* (1623) de SHAKESPEARE.

3. Héroïne d'une pièce de théâtre qui porte son nom, écrite par VOLTAIRE en 1732.

4. AUBERT de GASPÉ fils a traduit ici *Venice Preserv'd* d'OTWAY.

5. Surnom du personnage de Vautrin créé par BALZAC (voir note 3, page 78).

Dimitry jeta son cigare dans la cheminée. — L'amour d'une femme qui vient de s'évaporer, dit Saint-Céran.

— Je crois que tu as raison, répondit nonchalamment son ami. À présent je vais spéculer sur leur amour.

— Ne le dis pas à tout le monde, au moins ; car tu seras bien vite signalé.

— As-tu jamais aimé, Saint-Céran ?

— Oui, et j'aime encore, et ce qui t'étonnera le plus, c'est que l'objet de mon amour est incapable de figurer parmi nos modèles de perfection, tu lui donnerais en vain un lorgnon ; elle n'oserait jamais fixer avec impertinence ceux qui l'environnent. Elle ne sait pas valser, sourire en montrant ses dents, et par bonheur, elle est bien faite ; car elle eût peut-être deviné, par instinct, l'usage du coton. Sa devise est :

Aimons sans art, sans art sachons plaire ;
Doux sentiment veut la simplicité,
Et c'est assez que son feu nous éclaire,
Pour arriver à la félicité.

— Au moins jusqu'à présent, j'ai tout lieu de le croire. — Je pourrais me tromper ; elle est femme ; mais il faut une compagne à l'homme, j'en ai choisi une, et je suivrai la maxime de La Bruyère[1] : c'est un bijou précieux que je cacherai. — Comme tu es rêveur ! Il est onze heures ; ouvre cette armoire, et donne-nous deux verres et cette carafe de vin. — À ta santé, puisses-tu être bientôt guéri. As-tu jamais remarqué, dit Saint-Céran en posant son verre sur la table, un jeune homme quand il fait sa première entrée dans un grand bal ? — Sais-tu ce qui l'occupe le plus ?

— Oui, il est bien embarrassé, et il cherche des poses.

---

1. Jean de La BRUYÈRE (1645-1696), écrivain français qui a écrit *Les caractères ou les mœurs de ce siècle* (1688). La citation exacte est : « Le silence est un bijou précieux rarement porté par les femmes. »

— Tu te trompes, il est dans un état de colère concentrée tout le temps ; il croit que tout le monde l'observe et le critique, il voudrait pouvoir leur demander explication à tous ; mais il sent qu'il aurait trop à faire, ainsi il se contente de désirer que ce soit bientôt fini, et quoiqu'il soit loin d'être à l'aise, il reste. Au contraire, lorsqu'il est dans la rue, il croit que tous les passants l'admirent. Vois-tu, c'est qu'alors il est dans son élément, il y est accoutumé, il a de l'aplomb, et il est satisfait de lui-même. Si tu n'éprouves pas sa gêne dans le premier cas, tu as son orgueil dans le second ; tu sais que tu ne manques pas d'esprit, tu t'es dit : un présent et un joli billet, cela doit faire une impression. Cela était nouveau pour toi ; mais elle est blasée sur les présents et les jolis billets ; voilà toute la différence.

— Je vois que je ne suis qu'un sot.

— Finis donc, malin ; dis donc plutôt que tu manques de pratique ; car un sot, vois-tu, c'est généralement un homme de monde. La raison en est bien simple. Il n'a rien autre chose dans la tête et, comme tu dis, il passe son temps à chercher des poses, — des idées c'est trop fatigant ; or, vu que *similis simili gaudet*[1], il n'est pas surprenant qu'une femme de société soit tout étonnée qu'on lui parle raison ; cela l'ennuie, et elle va répondre oui à celui qui, après s'être regardé dans une glace et avoir arrangé sa cravate, lui apprend la grande nouvelle : que la chambre est bien éclairée.

— À t'entendre parler, Saint-Céran, on croirait que tu es un cénobite parfait ; et pourtant tu parais bien t'amuser autant que nous dans ces soirées, dont tu fais un si beau tableau.

— J'ai tout lieu d'être réjoui, puisque tous ces gens-là travaillent à ma fortune.

— Explique-toi, je ne te comprends pas. — C'est pourtant bien simple ; tandis que les filles prennent des rhumes dans la salle de bal, les papas et les mamans ne s'amusent pas à manger

---

1. Du latin : « le semblable aime le semblable ».

des biscuits, et à boire de l'eau en bas. C'est un curieux amalgame que notre société, et Jaffier a beau dire:

'*Tis a base world and must reform*[1].

Il n'y aura jamais que les habits qui changeront, et encore l'on revient toujours aux anciens.

— Je vois ton portemanteau arrangé, près de ton armoire, vas-tu faire quelque voyage? dit-il. Dimitry, en se levant — C'est probable, où vas-tu, toi? — J'ai besoin de prendre l'air; au plaisir.

Dès que la porte fut fermée: — En voilà un, comme dit Byron[2], qui trouve *the cold reality too real*, s'écria Saint-Céran en se jetant sur le sofa.

---

1. Voir note 1, page 82.
2. Voir note 2, page 41.

CHAPITRE TREIZIÈME

Le mariage

Come dwell with me, come dwell with me,
And our home shall be, and our home shall be,
A pleasant cot, on a tranquil spot,
With a distant view of the changing sea.
Song

Tiens, dira la jeune fille, en arrivant aux dernières pages de cet ouvrage, ils vont déjà se marier, et ils n'ont seulement pas eu un petit refroidissement — c'est drôle. Ducray-Duminil[1] sait bien mieux arranger une histoire — Je le veux bien, moi ; mais je me suis promis de respecter la vérité, et en outre j'enseignerai une bonne recette à celles qui croient qu'on ne peut aimer sans se brouiller de temps à autre : elles n'ont qu'à voir leurs amants que tous les six mois, et pour deux ou trois jours seulement, et elles ne chercheront pas à se l'attacher en les tourmentant ; et je crois, en outre, que cet ouvrage n'aurait pas fini par un mariage si Amélie avait suivi ce système ; car Saint-Céran n'aimait pas les coquettes.

Le lendemain de son entrevue avec Dimitry, Saint-Céran écrivait la lettre suivante à son amante :

Ma chère Amélie,

Le temps est enfin venu de te rappeler tes promesses et de tenir les miennes. Tu dois être à moi, tu me l'as juré, et je réclame ton serment. Ton père est peut-être mort ; rien ne t'empêche de faire mon bonheur, et je pense que s'il vivait, il ne me refuserait pas ta main maintenant. Mais peu importe, je serai près de toi dans quelques

---

1. François Guillaume DUCRAY-DUMINIL (1761-1819). Écrivain français au succès populaire dont les œuvres s'adressaient surtout à la jeunesse.

jours ; ainsi sois préparée à me suivre ; je repartirai la nuit même de mon arrivée, car je ne veux pas que l'on sache que je suis à Saint-Jean[1]. Trouve-toi vers minuit, le 18 courant, dans le bocage d'érables situé au bas de la côte du domaine ; je ne me ferai pas attendre. Adieu, mon amie.

Ton amant jusqu'à la mort,
DE SAINT-CÉRAN.

Trois jours après, il reçut la réponse suivante :

Mon Eugène, tout est découvert ! mon père est arrivé depuis deux jours. J'ai reçu ta lettre devant lui, il m'a ordonné de la lui montrer, et j'ai été obligée de le faire ; il l'a lue sans rien dire : puis il s'est mis à sourire, de cette manière que tu sais — j'allais dire de cette manière qui *fait mal*, mais tu me l'as défendu. — Puis il est parti, et je ne l'ai pas revu depuis. Je suis persuadée que tu ne viendras pas, dès que tu auras reçu cette lettre ; aussi je n'irai pas au bocage. Écris-moi ce que je dois faire. Mon père ne m'a pourtant rien dit, et je suis néanmoins bien malheureuse.

Ton amante affectionnée,
AMÉLIE.

Fâcheux contretemps ! dit le jeune homme en jetant la lettre sur son bureau, et se promenant à grands pas dans sa chambre. Tout s'en mêle ; il y avait quatre ou cinq ans qu'on n'en entendait plus parler, il faut qu'il ressuscite sept à huit jours trop tôt. Patience — ajouta-t-il en allumant son cigare (c'était son remède universel) — Patience, il faut retarder un peu ; voilà tout. Ou peut être ferais-je mieux de lui parler ; il doit être pauvre comme un rat d'église ; je lui offrirai de l'argent, il ne pourra résister ! — tout en parlant ainsi, Saint-Céran s'avança jusqu'auprès de la fenêtre, où il s'arrêta, tout à coup, avec un

---

1. Saint-Jean-Port-Joli.

mouvement de surprise ; néanmoins, l'habitude qu'il avait de
se commander lui-même lui fit bientôt reprendre son visage
calme. — Le proverbe est vrai, dit-il — parlons du diable, et
on en voit la tête. C'était en effet Charles Amand lui-même, qui
entra d'un pas ferme, l'air assuré, la tête haute, avec toute l'im-
portance que donne un bon habit, et trois ou quatre cents
piastres dans la poche de celui qui depuis longtemps est privé
de ces avantages, sans lesquels un homme est rarement bien
vu dans le monde. Si mon lecteur ne croit pas que ces deux
choses ont une grande influence sur le moral d'un homme, qu'il
aille le demander à tous ces jeunes commis et écrivains, qui le
plus souvent sont sans place, et qui connaissent parfaitement
ce qu'on appelle en anglais les — *ups and downs of human
life* ; — et s'ils ne veulent pas l'avouer, c'est que ces messieurs
brillent dans le moment. Or, donc, Amand entra comme je
viens de le dire — Bonjour, M. de Saint-Céran, dit-il du même
air de confiance.

    — Charmé de vous voir, Amand, asseyez-vous. Notre
héros parut chagrin, son orgueil était froissé ; il lui sembla
que son interlocuteur aurait bien pu dire monsieur Amand
— un habit, cela change tant un homme — néanmoins l'intérêt personnel, ce grand mobile des actions humaines, comme
dit Volney[1], l'empêcha de s'en plaindre ; car il venait pour se
débarrasser de sa fille, et il n'aurait pas voulu tout gâter.

    — Vous avez voyagé depuis notre dernière entrevue, con-
tinua le jeune médecin, bon succès, j'espère ?

    — Ah ! oui, monsieur, répondit Amand ; fameux pays d'où
je viens, on sait payer le mérite là ; j'y serais bien resté, car je
faisais ma fortune rapidement ; mais j'ai une famille, et vous
sentez que l'idée de la croire malheureuse suffisait pour empoi-
sonner mon existence : cela, joint avec l'amour du pays qui
m'a pris, m'a décidé à revenir. Mais j'y retournerai, vous pouvez en être sûr, s'il y a quelque moyen de s'y rendre.

---

1. Voir note 1, page 3.

— Vous avez donc été visiter la vieille Europe.

— Non, mais j'ai été un peu en deçà ; changeons de conversation. Je suis venu pour vous consulter sur quelques métaux dont je désirerais faire l'acquisition : savez-vous si je pourrais me procurer de l'étain de Cornwall en ville ?

— Je ne pourrais vous dire exactement si c'est de l'étain de Cornwall, mais il ne manque pas d'étain ici — il y en a beaucoup plus que d'argent.

— Je crois bien, mais ce n'est pas ce qui m'embarrasse. Si j'en trouve, j'ai enfin découvert le véritable moyen de le changer en argent.

— Ah ! tant mieux pour vous, dit Saint-Céran — bon secret celui-là.

— Vous seriez bien plus étonné, continua l'alchimiste, si je vous disais que s'il ne me manquait pas un livre, qu'un Français m'a promis, j'en ferais de l'*or* piment ; et peut-être que vous ne savez pas que les plus fameux orfèvres ont de la peine à reconnaître l'*or* piment d'avec l'or ordinaire ; ainsi, avec bien peu de peine, on parvient à leur faire prendre le change. Vous avez beau sourire — ajouta-t-il, en s'apercevant que Saint-Céran souriait en l'entendant terminer. Pour toute réponse, le jeune médecin fut prendre un dictionnaire de l'Académie[1] dans sa bibliothèque. — Je vais vous montrer, mon cher Amand, dit-il, ce que c'est que votre or piment — et il lui lut l'article suivant :

> ORPIMENT, s. m : Arsenic jaune qu'on trouve tout formé dans les terres ; on s'en sert pour peindre en jaune : on le nomme aussi orpin.

Le héros le lut et le relut : — Maudit Français, menteur — murmura-t-il, entre ses dents, — et moi qui croyais tout le temps qu'il disait vrai — c'est égal, quant à en faire de l'argent,

---

1. C'est-à-dire de l'Académie française, institution fondée en 1635 dont la mission a été et est encore de fixer les normes de la langue française.

cela j'en suis sûr — à propos, dit-il, désirant changer la conversation — vous avez écrit à Amélie, dites-le donc, vous lui proposez là un joli coup.

— Nous y voilà, se dit tout bas Saint-Céran, que voulez-vous, mon cher Amand, vous ne voulez pas consentir à mon mariage, et il me faut Amélie à moi.

— Me l'avez-vous demandée? est-ce que vous croyiez que j'allais vous l'offrir? — Hein! fit Saint-Céran, non, pas tout à fait. — Mais vous lui aviez défendu de me parler pour toujours.

— J'avais mes raisons, dit le héros.

— Alors, si je vous la demandais, me la refuseriez-vous?

— Qui sait?

Saint-Céran lui fit aussitôt une demande, dans toutes les formes, de la main d'Amélie, à laquelle Amand se hâta d'acquiescer. Le jeune médecin le pria d'accepter un petit présent de noces, ajoutant que, connaissant sa soif de la science, il le priait de trouver bon que son don fût tout à fait littéraire. En conséquence, il lui présenta le *Dictionnaire des merveilles de la nature*[1], en trois volumes magnifiquement reliés, ouvrage qu'il lui assura avoir été écrit par des philosophes comme lui. Il y ajouta une vingtaine de manuels des différents arts et métiers. Amand, au comble de la joie, se retira avec son trésor, et l'on dit même qu'il fut consulter son Français, pour savoir si ce n'était pas une édition contrefaite du *Dictionnaire des merveilles de la nature* qu'on lui avait donnée; ce qu'il y a de certain, c'est qu'il partit le lendemain avec Saint-Céran pour Saint-Jean-Port-Joli, où le mariage fut célébré dans l'église paroissiale, avec beaucoup de pompe et de solennité.

Ainsi, mes lecteurs ne doivent plus avoir aucune inquiétude sur le compte de Saint-Céran et d'Amélie, qui sans aucun doute doivent avoir coulé des jours pleins de prospérité et de bonheur... En un mot vous savez.

---

1. Ouvrage de vulgarisation préparé par J. A. SIGAUD de La FOND, physicien, publié en 1781.

CHAPITRE QUATORZIÈME

Charles Amand

Mon âme, aujourd'hui solitaire,
Sans objet, comme sans désirs
S'égare et cherche à se distraire
Dans les songes de l'avenir.

LA HARPE[1]

L'épouse d'Amand, dont nous n'avons fait nulle mention dans le cours de cet ouvrage, parce qu'elle ne prit aucune part aux événements que nous avons décrits, mourut peu de temps après le mariage d'Amélie. Amand se trouva donc seul dans le monde. Semblable à l'étudiant ambitieux de Bulwer[2], il aurait pu s'enfermer dans son cabinet, méditer sur les poètes, et regarder avec tristesse le soleil levant ; mais lui, il n'avait pas de cabinet, ni de fenêtres

Aux longs panneaux de soie ;

aussi se livra-t-il à ses études alchimiques près de l'âtre de l'humble chaumière où nous l'avons trouvé en commençant cette histoire, et où il mourra probablement ; car, voyez-vous, son âme à lui, c'est dans ce foyer. Ne l'accusez pas de folie, au moins dans cela, car le foyer, c'est le royaume des illusions, c'est la source des rêves de bonheur. Vous tous, nés au sein de l'aisance, ne faites-vous pas consister une partie des délices de la vie à être couchés près d'un feu pétillant, en vous reposant de ce que vous appelez les fatigues de la journée ? N'est-ce pas parmi ces brasiers, aux images fantastiques, que votre imagination cherche une autre existence qui puisse vous dédommager d'un monde où vous ne trouvez que des intérêts plus vils les uns que les autres, et qui s'entrechoquent sans cesse ?

---

1. Voir note 1, page 7 : "Les regrets" (1771).
2. Edward BULWER-LYTTON (1803-1873), politicien et romancier britannique qui obtint dès 1828 un grand succès littéraire.

N'est-ce pas près du foyer que la jeune Canadienne, que l'éducation n'a pas encore perfectionnée, se demande si parmi cette foule d'hommes élégants qui l'entourent, elle ne trouvera pas une âme poétique, dont les cordes vibrent à l'unisson de la sienne ? Enfin, n'est-ce pas le temple du souvenir ? Eh bien, lui, s'il n'a pas une de ces magnifiques grilles qui décorent nos salons ennuyeux, il peut néanmoins savourer la même jouissance ; car c'est en contemplant un métal brillant qui reluit au fond d'un creuset, entouré de quelques petits charbons ardents, qu'il cherche à jeter dans l'oubli toute l'amertume de l'existence ; pour me servir de l'idée du poète anglais, c'est ce qui le fait ramper entre le ciel et la terre.

Amand se livra donc entièrement à l'étude des merveilles de la nature, dont Saint-Céran lui avait donné la clef, à ce qu'il disait, et s'il perdit le goût de faire des conjurations, cela ne l'empêchait pas souvent, soit qu'il se trouvât la nuit dans un bois, ou sur le rivage, de s'entretenir avec quelques gnomes solitaires (qu'il décorait du nom pompeux de *gognomes*), cachés dans quelque taillis ou gémissant sur quelque rocher que la marée montante allait ensevelir : c'était les seules distractions qu'il se permettait, et encore assurait-il que c'était purement par accident qu'il rencontrait ces esprits infortunés.

> Tranquille et sans inquiétude,
> Il coulait ses jours, sans soucis,
> La nature était son étude,
> Et les livres ses seuls amis.
> LA HARPE[1]

Il y a quelques années que l'auteur ne l'a pas vu ; il a seulement entendu dire qu'il cherche toujours la pierre philosophale, et qu'il lit, sans cesse, *Le petit Albert*, ouvrage qui a décidé du sort de sa vie.

---

1. Voir note 1, page 7.

Bibliographie

GRUTMAN, Rainier. « Norme, répertoire, système : les avatars du premier roman québécois », dans *Études françaises*, vol. 28, n°s 2-3, hiver 1993, p. 83-91.

GRUTMAN, Rainier. « Québec 1837 : écrire sous l'influence des livres », dans Philippe Aubert de Gaspé fils, *L'influence d'un livre*, Montréal, Boréal, « Boréal Compact », 1996, p. 127-135.

LACOURSIÈRE, Luc. « Aubert de Gaspé, Philippe-Joseph [1786-1871] », dans *Dictionnaire biographique du Canada*, vol. X, Québec, Presses de l'Université Laval, 1972, p. 19-24 [sur Aubert de Gaspé fils, p. 21].

LAMY, Claude. « De l'alchimie du livre et de quelques mystères », dans Philippe Aubert de Gaspé fils, *L'influence d'un livre*, Montréal, Fides, « Bibliothèque québécoise », 1995, p. 7-20.

LASNIER, Louis. *Les noces chymiques de Philippe Aubert de Gaspé dans "L'influence d'un livre"*, Québec, Presses de l'Université Laval, 2002, 328 pages.

LEMIRE, Maurice. « *L'influence d'un livre*, roman de Philippe-Ignace-François Aubert de Gaspé », dans *Dictionnaire des œuvres littéraires du Québec*, vol. I : *Des origines à 1900*, Montréal, Fides, 1978, p. 386-390.

LORD, Michel. *En quête du roman gothique québécois : 1837-1860 : tradition et imaginaire romanesque*, Québec, Nuit Blanche, 2e éd. rev. et corr., 1994, 179 pages.

TREMBLAY, Victor-Laurent. *Au commencement était le mythe*, Ottawa, Presses de l'Université d'Ottawa, 1991, 362 pages.

Texte original :

AUBERT DE GASPÉ FILS, Philippe-François-Ignace. *L'influence d'un livre*, Québec, William Cowan & Fils, rue de la Fabrique, 1837, 127 pages, sur www.canadiana.org/eco